O Estudo em Ambiente Virtual de Aprendizagem:

um guia prático

SÉRIE TECNOLOGIAS EDUCACIONAIS

EDITORA
intersaberes

Antonio Siemsen Munhoz

O Estudo em Ambiente Virtual de Aprendizagem:
um guia prático

EDITORA intersaberes

Rua Clara Vendramin, 58 – Mossunguê
CEP 81200-170 – Curitiba – PR – Brasil
Fone: (41) 2106-4170 – www.intersaberes.com
editora@editoraintersaberes.com.br

Conselho editorial
Dr. Ivo José Both (presidente)
Dr.ª Elena Godoy
Dr. Nelson Luís Dias
Dr. Neri dos Santos
Dr. Ulf Gregor Baranow

Editora-chefe
Lindsay Azambuja

Supervisora editorial
Ariadne Nunes Wenger

Analista editorial
Ariel Martins

Preparação de originais
André Pinheiro

Capa
Denis Kaio Tanaami

Projeto gráfico
Bruno Palma e Silva

Iconografia
Danielle Scholtz

Dados Internacionais de Catalogação na Publicação (CIP)
(Câmara Brasileira do Livro, SP, Brasil)

Munhoz, Antonio Siemsen
  O estudo em ambiente virtual de aprendizagem: um guia prático / Antonio Siemsen Munhoz. – Curitiba: InterSaberes, 2013. – (Série Tecnologias Educacionais).

ISBN 978-85-8212-692-9

1. Ensino auxiliado por computador 2. Ensino à distância 3. Educação – Recursos de rede de computador 4. Internet na educação 5. Tecnologia educacional I. Título. II. Série.

12-10251   CDD-371.334

Índices para catálogo sistemático:
1. Ambientes virtuais de aprendizagem: Educação 371.334

1ª edição, 2013.

Foi feito o depósito legal.

Informamos que é de inteira responsabilidade do autor a emissão de conceitos.

Nenhuma parte desta publicação poderá ser reproduzida por qualquer meio ou forma sem a prévia autorização da Editora InterSaberes.

A violação dos direitos autorais é crime estabelecido na Lei nº 9.610/1998 e punido pelo art. 184 do Código Penal.

sumário

summario

Apresentação, 11

1. Ambiente Virtual de Aprendizagem, 19
- 1.1 O ensino a distância, 21
- 1.2 Ambientes e comunidades virtuais, 23
- 1.3 Participantes, 25
- 1.4 Conceitos básicos, 29
- 1.5 Características comuns entre ensino presencial e em AVA, 31

2. Opção pelo ensino em AVA, 37
- 2.1 Característica dos estudantes em EaD, 39
- 2.2 Justificativas para escolha, 40
- 2.3 Como fazer a melhor escolha, 43

3. **Formas individuais de aprender, 47**
   3.1 A preparação do aluno, 49
   3.2 Autoavaliação das condições de aprendizagem, 54
   3.3 Identifique o estilo próprio de aprendizagem, 61

4. **A importância de fazer parte de algo, 71**
   4.1 Características da EaD, 73
   4.2 Questões de socialização, 75
   4.3 A conversação, 77

5. **A aprendizagem em grupo, 81**
   5.1 Objetivo e importância, 83

6. **A solução de problemas, 95**
   6.1 Aprendendo a solucionar problemas, 97
   6.2 A Aprendizagem Baseada em Problemas (ABP), 99

7. **Organização dos estudos, 109**
   7.1 Itens a considerar, 111

8. **Habilidades de leitura, interpretação e escrita, 123**
   8.1 A importância de ler e escrever, 125
   8.2 Orientação à leitura, 128
   8.3 Orientação à interpretação, 132
   8.4 Orientação à escrita, 134

9. **Sistemas de gerenciamento de conteúdo e de aprendizagem, 139**
   9.1 Interação do aluno e da interface gráfica, 142
   9.2 Preparar-se para estudar a distância, 144

9.3 Sistemas de gerenciamento de conteúdo e aprendizagem, 148
9.4 Um tempo de mudanças, 163

10. Pesquisas no virtual, 167
10.1 Orientações iniciais, 169
10.2 Questões éticas, 170
10.3 Obtenção de informações, 174
10.4 Introdução à prática, 185

11. Tecnologia da informação e comunicação, 195
11.1 Novas possibilidades abertas, 198
11.2 Outras considerações: resultados, 200
11.3 Questões complementares, 204

Considerações finais, 207
Referências, 217
Sobre o autor, 225

apresentação

apresentação

"Toda aprendizagem começa com um pedido. Se não houver o pedido, a aprendizagem não acontecerá".

(Rubem Alves, 2001)

Este livro foi escrito para um grande número de pessoas que, devido à excessiva competitividade do mercado contemporâneo, estão sujeitas a um processo de formação permanente e continuada e cujos compromissos sociais, econômicos, pessoais ou profissionais dificultam ou impedem a frequência às salas de aula tradicionais.

O estudo independente normalmente inclui alguns ou todos os itens relacionados a seguir, conforme o desenvolvimento dos processos de formação:

- ~ Leitura de material relevante previamente preparado e com características diferenciadas dos livros-texto.
- ~ Desenvolvimento de tarefas significativas e relacionadas no material de leitura.
- ~ Leitura de materiais complementares disponíveis no formato digital ou em bibliotecas.
- ~ Aulas na forma de *stream* de vídeo.
- ~ Atividades síncronas (*chat*).
- ~ Atividades assíncronas (fórum, listas etc.).
- ~ Autoavaliação formativa desenvolvida no transcorrer do curso.
- ~ Encontros regulares entre grupos de alunos no ambiente virtual.
- ~ Encontros esporádicos de grupos de alunos de forma presencial em localidades geograficamente distribuídas (polos presenciais).
- ~ Comunicação extensiva entre os participantes no ambiente virtual de aprendizagem (AVA).
- ~ Orientação acadêmica interna ou externa, presencial ou *on-line*.

~ Avaliação final presencial na sede ou em polos presenciais geograficamente distribuídos.
~ Relatório (*portfólio*) final que inclui um sumário das atividades desenvolvidas.

Desenvolver os estudos seguindo esses itens não está de acordo com as reais características do estudante em nossa cultura. As formas autoritárias ou paternalistas ainda são majoritariamente utilizadas. Elas consideram o aluno como um receptor passivo, papel que ele aceita, ainda que lhe retire o senso crítico e a criatividade. O condutismo é evidenciado e o relacionamento de poder entre professor e aluno se aprofunda cada vez mais. Esses fatores atuam em sentido contrário ao desenvolvimento da aprendizagem independente.

Esse aspecto destaca a importância da produção de um material didático com características diferenciadas, que incentive sua participação e permita que você crie novas formas particulares de aprender.

A orientação volta-se para um processo de estudo desenvolvido na transformação de uma quantidade de informações crescente. Elas devem ser selecionadas, coligidas e, a partir da reflexão e transformação pela ação da criatividade, produzir novos conhecimentos para uma sociedade em evolução e que neles apoie o seu desenvolvimento.

Em sua maior parte, as considerações aqui efetuadas aplicam-se ao desenvolvimento da atividade de ensino e aprendizagem, independentemente do cenário no qual a atuação dos atores vai se desenvolver. Porém, a orientação principal deste material está mais diretamente voltada para a modalidade do ensino a distância, com o uso de tecnologia de ponta, que modifica as formas de comunicação e relacionamento entre os participantes. De forma geral, essa modalidade de ensino é denominada *e-learning*. Ela é considerada como a combinação entre o ensino com o uso da tecnologia e o referencial teórico que dá sustentação ao ensino a distância.

O objetivo deste estudo é orientar formas de superar a sua ansiedade no uso da mediação tecnológica no desenvolvimento da atividade de ensino e aprendizagem. A proposta engloba diversos aspectos e visões diferenciadas sobre as atitudes que devem ser desenvolvidas pelos participantes nas iniciativas desenvolvidas sob essa abordagem.

Apesar de algumas orientações se aplicarem a todas as pessoas, independentemente de sua idade, elas estão mais voltadas para a aprendizagem do adulto. Considera-se que ele tem experiência de vida e uma vivência que lhe permite escolher o melhor local e as melhores formas para desenvolver a atividade de aprendizagem e exigir que as formas de ensino atendam às suas necessidades.

Ao final da leitura deste material você terá adquirido condições de desenvolver os seus estudos no AVA e trabalhar na Comunidade de Aprendizagem Virtual (CAV). Você poderá atuar com progressivo grau de independência e adquirir capacidade para resolver problemas aproximados daqueles que vai enfrentar na vida real. Esse fato pode despertar de forma mais direta o seu interesse, devido à significância para a sua vida pessoal e profissional, e que tem como objetivo conseguir aumentar sua motivação e participação, fatores fundamentais para desenvolver atividades de ensino e aprendizagem

Como adulto, você pode achar que retornar aos estudos ou desenvolvê-los de forma atrasada o coloca frente a uma nova demanda de trabalho, e isso pode causar novas preocupações emocionais e físicas. Como regra geral, os alunos nessas condições desenvolvem os estudos de forma simultânea com algum trabalho em tempo integral, o que é agravado pelo fato de muitos deles terem responsabilidades familiares. Esses aspectos são levados em conta. Existe uma pressão extra que exige formas de superação, via tratamento individual e diferenciado, como recomenda a pedagogia diferenciada (Perrenoud, 1999).

Alguns desafios são postos aos participantes:

~ Dos docentes exige-se uma nova prática, voltada para novas formas de relacionamento com os alunos.
~ Dos discentes exige-se uma nova prática voltada para uma participação mais extensiva e maior responsabilidade pela atividade de aprendizagem.
~ Do pessoal administrativo exige-se uma nova prática voltada para um atendimento diferenciado às necessidades de todos os demais participantes.
~ Da instituição de ensino exige-se uma nova forma de gestão do processo, aberta e participativa, que tenha flexibilidade para alterar os pontos deficientes ainda durante o desenvolvimento do processo.

Essas exigências dão significado às novas formas diferenciadas de comunicação e novas formas de relacionamento na cibercultura do virtual, conforme posto por Lévy (1999).

Há necessidade de que esse olhar seja desviado da prática discente e volte-se um pouco mais diretamente para a prática docente, com o uso da mediação tecnológica, que é a razão principal para a produção deste livro. Ele se originou na prática com diversas turmas de alunos e formação de professores para atuar no ambiente virtual e carrega consigo a esperança de que todos os que o acessarem aproveitem o seu conteúdo, para efetivar de forma mais confortável o desenvolvimento de seu processo de formação permanente e continuada desenvolvido no espaço virtual.

Para o aluno, é importante, em primeiro lugar, conhecer as características básicas do ambiente em que vai trabalhar, apresentado no Capítulo 1. Ao adquirir esse conhecimento, ele deve saber o que dele será exigido e o que lhe cabe exigir, para poder optar por estudar na modalidade Educação a Distância (EaD), que coloca desafios que para alguns alunos podem ser insuperáveis, assunto tratado no segundo capítulo. No terceiro capítulo dá-se a orientação para que o aluno prepare-se, principalmente tendo em mente que será exigida a coparticipação e que ele vai escolher como estudar, o que torna necessário conhecer a sua maneira peculiar de aprender. O quarto capítulo insere o emocional como elemento importante para manter a motivação do aluno no desenvolvimento da atividade de ensino e aprendizagem. O Capítulo 5 destaca um dos aspectos mais importantes em EaD: a aprendizagem em grupo, para a qual ele deverá se preparar. O Capítulo 6 coloca para o aluno, de forma clara, uma necessidade do mercado contemporâneo: enfrentar o novo, o que é incentivado pela abordagem da aprendizagem baseada em problemas, cujos fundamentos interessam ao aluno, principalmente por esta ser pouco utilizada nos ambientes de ensino tradicional. De posse desses conhecimentos, o aluno está preparado para definir de forma clara a sua opção por esta abordagem do processo de ensino e aprendizagem. O Capítulo 7 parte da certeza de que o aluno fez sua escolha de forma segura e orienta sobre como organizar o seu estudo ao levar em consideração as características particulares do EaD. No oitavo capítulo, ao qual o aluno deve dar especial atenção, o texto trabalha o analfabetismo funcional, com a intenção de orientar o aluno a evitá-lo, pois a leitura sem a compreensão dificulta o sucesso nas atividades propostas. O Capítulo 9 trabalha no sentido de orientar o aluno sobre a forma de navegação no ambiente. Nesse ponto o aluno já deve ter a sua linha de pesquisa estabelecida, o que é tratado no décimo capítulo. A obra segue para o seu fechamento com os olhos postos no futuro, ao trazer para o aluno as novas perspectivas em EaD, dedicando a elas o undécimo capítulo.

O livro tem o seu fechamento no duodécimo capítulo, com uma série de recomendações diretas ao aluno, para que ele não transforme em uma aventura a escolha de desenvolver os seus estudos na modalidade EaD.

Ambiente
Virtual de
Aprendizagem

capítulo 1

Ambiente Virtual de Aprendizagem

*"A comunicação entre pessoas
envolve intelecto, emoção e vontade.
Portanto, tudo que se deseja
comunicar a outrem gravita em torno de:
Algo que se conhece
Algo que se sente
Algo que se pratica".*

(Franco, 2007)

Na sociedade contemporânea, a instituição de ensino é destacada como local único onde pode ocorrer a atividade de ensino e aprendizagem. A evolução tecnológica e o surgimento do maior fenômeno de comunicação de todos os tempos, a internet, cria locais onde proliferam informações educacionais e orientações de estudo que possibilitam às pessoas com capacidade para a aprendizagem independente condições de aprender. Esses locais são conhecidos sob diversas denominações, que podem ser englobadas como ambientes virtuais de aprendizagem, em que é desenvolvida a inovadora abordagem do ensino a distância por meio eletrônico.

1.1 O ensino a distância

A LDB – Lei de Diretrizes e Bases da Educação Nacional, Lei n° 9.394 de 20 de dezembro de 1996, representou a primeira citação oficial sobre o ensino a distância em nosso país. Apesar de citada, a sua regulamentação foi postergada, o que abriu brechas para algumas iniciativas desenvolvidas de forma incorreta. Elevadas taxas de evasão, fechamento de alguns cursos, baixa qualidade em algumas avaliações *in loco* efetuadas pelas comissões de especialistas da Secretaria de Educação a Distância (Seed)/Ministério da Educação (MEC) foram os primeiros resultados.

Decorridos nove anos de encontros e desencontros, foi publicado, em 20 de dezembro de 2005, o Decreto n° 5.622, que regulamenta o art. 8° da Lei 9.394/1996 e estabelece condições mais claras para a autorização de instituições que pretendem oferecer cursos nessas modalidades, nas áreas de regulação do sistema de ensino nacional: ensino infantil e fundamental, ensino médio, ensino de jovens e adultos, ensino técnico, cursos de graduação em nível de bacharelado, nível de licenciatura, nível tecnológico e cursos de pós-graduação *lato* ou *strictu senso*.

O escopo deste material não será julgar os acertos ou eventuais imperfeições do ambiente tradicional. Para isso seria necessária uma pesquisa em campo diferenciado. O importante é observar como se caracteriza essa modalidade e, a partir daí, vincular orientações aos alunos que vão desenvolver esses cursos para que esta opção não venha a transformar-se em uma aventura, ao levar em consideração necessidades específicas que o ensino a distância coloca como desafio para os seus atores (instituições de ensino em todos os níveis, corpo administrativo, docentes, discentes e estruturas tecnológicas adequadas).

O Decreto nº 5.622/2005, que regulamenta o ensino a distância em nosso país, coloca:

> *Art. 1º Para os fins deste Decreto, caracteriza-se a educação a distância como modalidade educacional na qual a mediação didático-pedagógica nos processos de ensino e aprendizagem ocorre com a **utilização de meios e tecnologias de informação e comunicação, com estudantes e professores desenvolvendo atividades educativas em lugares ou tempos diversos*** [grifo nosso].

A partir daí é indiscutível que as pessoas que, como você, desenvolvem ou pretendem desenvolver seus estudos nessa modalidade devem estar preparadas para o uso da mediação tecnológica na educação.

As próprias instituições que oferecem cursos nessa modalidade devem deixar disponível para os alunos um módulo inicial que providencie um nivelamento dos conhecimentos necessários para o desenvolvimento confortável das atividades no Ambiente Virtual de Aprendizagem. Esta providência deve ser estendida aos professores e ao corpo administrativo.

Como as variações são pequenas, pode-se colocar orientações que atentam, de maneira geral, a necessidade de conscientizar o participante sobre seu trabalho com a mediação tecnológica. O uso das Novas Tecnologias da Informação e da Comunicação (NTICs) será estudado em um capítulo à parte.

Vamos iniciar nosso estudo com um melhor conhecimento do que pode ser compreendido como um novo *lócus* educacional: o Ambiente Virtual de Aprendizagem (AVA).

1.2 Ambientes e comunidades virtuais

O AVA (*Virtual Learning Environment* – *VLE*) é também conhecido como *Ambiente de Aprendizagem Gerenciada* – AAG (*MLE* – *Managed Learning Environment*). Nele proliferam outros acrônimos, como *LCMS* – *Learning and Content Management Systems*, *IMS* – *Information Management Systems*, *LO* – *Learning Objects* e outros. O uso dessas expressões como sinônimos pode causar alguma confusão entre diferentes obras sobre o assunto. Neste material vamos utilizar o acrônimo AVA para o ambiente de suporte à efetivação dos cursos semipresenciais ou não presenciais, considerado como o LCMS citado em outras obras. Outro termo que será de uso comum é CAV – Comunidade de Aprendizagem Virtual, considerada como o conjunto das pessoas que trabalham de forma colaborativa, unidas em torno de um objetivo comum e que desenvolvem intensa comunicação entre si. Esses termos serão referenciados no texto pelos seus acrônimos, AVA e CAV. O LCMS é o conjunto de programas que cria o AVA. Assim posto, eles serão considerados como o mesmo objeto.

Independentemente dessa colocação, todos esses termos indicam sistemas, compostos por diversos programas, que utilizam a tecnologia de ponta com a intenção de permitir e tornar mais efetiva a rede de relacionamentos entre os seus participantes e a disseminação de materiais e outros conteúdos.

O volume de comunicação e a colaboração entre os participantes são fatores fundamentais para o sucesso das iniciativas de ensino e aprendizagem no AVA. Esse é o primeiro fator que você deve incorporar em sua cultura: a importância de sua participação ativa.

Isso significa que você, os seus professores, os orientadores acadêmicos e os projetistas organizam a atividade de ensino e aprendizagem com a oferta de um suporte integrado para que as comunicações entre todos sejam enriquecidas e possam suprir, total ou parcialmente, a ausência de encontros presenciais, nas atividades de aprendizagem que nele são desenvolvidas. Em seu entorno são criadas as CAVs. Podem ser utilizadas como auxiliares as redes sociais e suas novas formas de interação (*Orkut, Facebook* etc.), além de uma novidade, ainda sob estudos, que são as localidades que utilizam a realidade virtual (*Second Life e outras*) para trato de assuntos educacionais de uma forma inovadora.

1.3 Participantes

Ao estudar os conceitos de ambiente virtual e comunidades, é importante saber quem participa de forma ativa. Os personagens que atuam podem ser relacionados na lista:

- ~ Instituição de ensino.
- ~ Secretaria virtual.
- ~ Projetistas pedagógicos.
- ~ Projetistas instrucionais.
- ~ Coordenadores de curso.
- ~ Professores especialistas.
- ~ Produtores de materiais.
- ~ Gestores dos polos presenciais.
- ~ Orientadores acadêmicos (tutores).
- ~ Avaliadores do ambiente como estrutura tecnológica.
- ~ Avaliadores do ambiente como estrutura pedagógica.
- ~ Tecnólogos.
- ~ *Designers* gráficos.
- ~ Alunos.

Todas as 13 funções que antecedem o aluno como participante dirigem os seus esforços no sentido de criar uma estrutura centrada nele. O aluno mantém contato direto com cinco outros participantes: a secretaria virtual, os professores especialistas, os orientadores acadêmicos e os colegas de curso. Apenas em situações específicas acontece o contato com os coordenadores de curso. As outras funções, além de desenvolverem seus esforços em favor do aluno, têm responsabilidades específicas de preparo e avaliação do ambiente. Essas funções podem existir, em sua totalidade, em estruturas mais complexas e algumas delas podem ser acumuladas por mais de um profissional. Vejamos:

~ A instituição, ao escolher atuar no ensino a distância, deve ter estabelecidos, de forma clara, uma missão e objetivos que não devem incluir a transformação do processo de ensino e aprendizagem em um caça-níquel digital, ou seja, voltado apenas para a recuperação e a multiplicação desenfreada do capital. Dela partem os cursos, como resultados do levantamento das necessidades sociais dos locais onde ela pretende atuar.

~ A secretaria virtual reproduz os procedimentos da secretaria presencial, tendo como diferença a necessidade de providenciar um tempo de retorno aceitável pelo aluno.

~ Os projetistas pedagógicos desenvolvem o projeto político-pedagógico (PPP) de acordo com as diretrizes curriculares para cada área do conhecimento específica, ou com as necessidades pontuais, nos casos de cursos livres ou experimentais.

~ Os projetistas instrucionais, figuras muitas vezes ausentes, sem que esse fato se justifique, definem quais e como as atividades vão ser desenvolvidas no virtual. A sua ausência muitas vezes faz com que projetos desenvolvidos para o ensino formal tradicional sejam simplesmente transpostos para cursos oferecidos na modalidade semipresencial ou não presencial, com resultados nem sempre satisfatórios.

~ Os coordenadores de curso definem os docentes, os orientadores acadêmicos e as formas de efetivação e avaliação do curso, de acordo com a legislação educacional vigente e com a proposta da instituição de ensino.

~ Os professores especialistas, na área do curso ofertado, junto com os projetistas instrucionais, projetam cada unidade didática do curso e estabelecem os objetivos que você deve atingir durante o estudo do material projetado. Durante esse processo, eles desenvolvem julgamentos sobre os conhecimentos e competências que você já deve ter.

~ Os produtores de materiais têm uma grande responsabilidade: produzir materiais diferenciados em múltiplos meios, cuja principal característica é a dialógica, a interatividade com o aluno, com o objetivo de despertar e manter o interesse durante toda a efetivação do processo. Os materiais didáticos são os primeiros substitutos da ausência de encontros presenciais. Por isso, precisam ser diferenciados em relação aos livros textos. Os guias didáticos devem apresentar características voltadas para a solução de problemas, próximos àqueles que o aluno vai encontrar na vida real.

~ Os gestores de polos atuam como empreendedores educacionais e como diretores de instituições de ensino, fato muitas vezes esquecido. São empreendedores e ao mesmo tempo educadores, qualidades que podem estar reunidas em uma única pessoa ou podem indicar o uso de uma equipe multidisciplinar, que atenda a essas funções de forma especializada.

~ Os orientadores acadêmicos são os largos ombros que sustentam todo um processo que antecedeu o início do curso. Na sua integração com o aluno e capacidade de motivação residem os principais parâmetros para o sucesso de cursos oferecidos em alguma das modalidades possíveis do ensino a distância.

~ Os avaliadores da estrutura tecnológica são geralmente pessoas especialistas em características técnicas, que dizem respeito à parafernália de *hardware* utilizada.

~ Os avaliadores da estrutura pedagógica são geralmente docentes com grande experiência, provenientes da educação formal tradicional e que, após um processo de formação, são incentivados a desenvolverem iniciativas inovadoras que permitam a criação de uma metodologia para oferta de cursos, adaptada às características sociais da população brasileira.

~ Os tecnólogos são os responsáveis pelo funcionamento do AVA e da CAV, com as características descritas no início deste capítulo.

~ Os *designers* gráficos são os responsáveis pela usabilidade do AVA e da CAV oferecidos aos alunos.

~ O aluno, como centro do processo de ensino e aprendizagem, fecha a lista de participantes. A ele serão postos alguns desafios que serão analisados na sequência do estudo.

Esta introdução pode dar a noção da complexidade de uma infraestrutura voltada para a oferta de cursos na modalidade do ensino a distância. Apesar do elevado aporte tecnológico, ainda está nos conteúdos e na ação do docente, dos orientadores acadêmicos e do aluno a qualidade educacional que poderá ser obtida. Toda essa tecnologia atua como ferramenta de apoio à prática e ação docente e discente e a uma produção de materiais e situações de aprendizagem (projeto instrucional) que permitam atingir esse objetivo. Durante o transcorrer do livro, alguns ou todos esses profissionais serão citados, o que torna importante a definição de suas funções. A comunicação do aluno com esses profissionais será sempre, ou na maior parte das vezes, efetivada no AVA, de forma síncrona ou assíncrona, textual ou em vídeo, com uso de todos os recursos tecnológicos existentes.

1.4 Conceitos básicos

Há alguns conceitos que vamos referenciar direta ou indiretamente durante a exposição do tema, cujo conhecimento inicial é importante.

O conceito de DISTÂNCIA TRANSACIONAL considera que a distância é apenas um indicativo de separação geográfica entre você e os demais participantes, representada por unidades de medida. Na realidade, a distância está na dependência direta da quantidade de diálogo e interação que você mantém com os demais participantes. O que pode dar a medida da importância de sua participação no AVA, principalmente quando se considera que a qualidade da aprendizagem desenvolvida está diretamente relacionada com esse aspecto. Sem a sua atuação participativa, efetiva, ativa, afetiva e colaborativa torna-se grande a distância entre você e os outros participantes.

O conceito de EFETIVAÇÃO DA PRESENÇA SOCIAL, seja do docente especialista ou regente, do orientador acadêmico ou da instituição, é considerado como fator de importância para que você possa "sentir-se parte integrante" de alguma estrutura que está presente em sua vida. O que, segundo nossa experiência, aumenta o grau de participação do aluno.

Assim, espera-se que você adquira uma AUTONOMIA PROGRESSIVA em relação ao acompanhamento docente ou tutorial, na medida em que se estreita o relacionamento em rede com o grupo de outros participantes e são desenvolvidas atividades colaborativas, em um processo de "inteligência coletiva" (Lévy, 1999).

O uso da interatividade, a implantação das comunidades virtuais, o uso de fóruns e a disseminação de tecnologias WIKI* estão orientados no sentido da produção e disseminação do conhecimento, que passa a ser considerada produção intelectual da coletividade, o que caracteriza e efetiva a INTELIGÊNCIA COLETIVA.

A TEORIA DA INTERAÇÃO SOCIAL, também conhecida como *teoria da conversação didática guiada* (Holmberg, 1986) prevê que quanto mais você "sentir-se parte integrante de algo", mais é sensível e efetiva a sua participação nas ações da CAV estabelecida no entorno do AVA.

---

* As tecnologias wiki são ambientes virtuais em que diferentes especialistas definem termos de uso geral, a exemplo de uma enciclopédia (Wikipédia). Esse conteúdo pode ser acessado livremente.

Esses quatro conceitos direcionam para o uso da emoção na atividade de ensino e aprendizagem. Eles devem ser explorados em seu próprio benefício. Você deve ser o primeiro a analisar se eles são efetivos e, caso contrário, deve exigir a sua efetivação, devido à influência que eles têm no seu aproveitamento. Compreender a importância desses aspectos é uma das regras para que você seja bem sucedido em sua iniciativa de desenvolver estudos com o uso da mediação tecnológica.

1.5 Características comuns entre ensino presencial e em AVA

A vivência no AVA permite enumerar algumas características para a sua compreensão. Assim, ele:

~ engloba todas as atividades que você iria desenvolver em um *campus* presencial;
~ apresenta para seu uso uma infraestrutura altamente coordenada;
~ proporciona uma estratégia de suprimento de informações (metadados) que você necessita para desenvolver as atividades propostas;
~ dá privilégio a uma estratégia de incentivo a sua comunicação, diálogo e interatividade com os demais participantes, como grande diferencial;
~ oferece uma interoperabilidade entre sistemas tecnológicos e sistemas pedagógicos, que convivem no interior de equipes multidisciplinares, montadas para o desenvolvimento do programa de cursos para lhe dar

a maior qualidade possível, no mínimo similar àquela que você poderia obter no ensino presencial;
~ inclui a presença de informações administrativas em profusão, que orientam você na comunicação com todos os demais participantes da estrutura, com destaque para o acesso a suas atividades acadêmicas;
~ incentiva você a utilizar uma vasta gama de recursos tecnológicos distribuídos, síncronos ou assíncronos, com a previsão, inclusive, de encontros presenciais (*e-mail*, fórum, *chat*, vídeo, áudio, rádio etc.);
~ propõe que você tenha suporte e seja direcionado de forma diferenciada do condutismo que, como vimos, é comum na educação formal tradicional. Em um novo enfoque você será orientado a desenvolver a solução de problemas, trabalho colaborativo e aprendizagem independente;
~ proporciona a você acesso livre a todo o conteúdo colocado à disposição nos repositórios de dados internos e externos (bibliotecas digitais). Na atualidade, é dada preferência ao conceito de que esses recursos educacionais adotem os pressupostos da teoria dos objetos de aprendizagem;
~ permite que orientadores acadêmicos acompanhem e monitorem suas atividades de aprendizagem de maneira frequente, com retorno de suas comunicações, nunca deixando-o sozinho.

Essa relação é um decálogo que direciona a qualidade da educação que você pode obter no AVA. Você deve lembrar que essas são condições necessárias, mas não suficientes para que você aprenda.

Existem outros fatores externos que podem interferir de forma direta (por exemplo, a interface gráfica entre o sistema de gerenciamento de aprendizagem e o aluno ser inadequada, a atuação do orientador acadêmico ser equivocada etc.). Quando eles ocorrerem, somente a sua intervenção junto à coordenação pode alertar a instituição e proporcionar uma ação corretiva. Ressalta-se a importância de seu olhar crítico voltado para a melhoria das condições de aprendizagem para todos os participantes. A omissão será prejudicial a você e a todos os demais participantes, devido à inércia que todo sistema sem ação de forças tende a manter.

Mas se a implantação e a sua atuação no AVA estiverem apoiadas nas recomendações do decálogo supramencionado, já se tem o que pode ser considerado um bom início de trabalho para que qualquer curso ofertado venha a ter possibilidades de sucesso. Os desvios de percurso na mensuração da qualidade são, então, creditados à possibilidade de erro nas atividades humanas e aos fatores emocionais que podem intervir de forma negativa.

Você deve adotar um planejamento de estudo cuidadoso, diferenciado da falta de organização que pode ser observada no sistema de ensino tradicional. Ele pode colaborar de forma decisiva para evitar a ocorrência desses desvios. Visto dessa forma, outras definições são possíveis e podem complementar a visão que se pode ter do AVA. Ele e as CAVs:

- são locais no quais você e os professores especialistas, regentes ou orientadores acadêmicos participam de interações e aprendizagem *on-line*;
- centram suas ações no aluno e na possibilidade de sua aprendizagem ocorrer apoiada em uma profusão de atividades e no gerenciamento e facilitação da criação de "mundos" ou "cenários", que a facilitam por meio da provisão de conteúdos e recursos em abundância;
- estão apoiados em tecnologia de ponta, com a qual você deve se familiarizar via programas de nivelamento oferecidos pela instituição. Se eles não existirem é uma exigência que você deve fazer. É comum a evasão pela falta de compreensão das funcionalidades da interface gráfica, inclusive quando ela é considerada de alta usabilidade;
- são relacionados diretamente com conteúdos e comunicação programados e planejados com antecedência. Você vai receber materiais e saber todas as atividades no ato de seu ingresso. Pelo menos, essa é uma condição necessária. É um dos fatores de avaliação da instituição que oferece cursos no AVA;
- exigem de você, dos professores e do pessoal administrativo a demonstração de capacidades adicionais relacionadas com comunicação interpessoal, motivação, participação e retorno em tempo útil dos contatos em múltiplas direções. A aplicação dos conceitos de trabalho em equipe nunca foi tão necessária.

É importante que você tenha consciência que, embora esteja ainda sob os ecos do fator *resistência*, que prevalece em alguns redutos educacionais, pode-se considerar que a educação no século XXI não pode mais prescindir do uso da mediação tecnológica e da criação e uso do AVA e da criação das CAVs em seu entorno. Eles exigem o desenvolvimento de papéis diferenciados em relação ao desenvolvido até agora na educação formal. Veja no Capítulo 9 o detalhamento de um Sistema de Gerenciamento de Conteúdo e Aprendizagem (SGCA) *on-line* na forma conceitual e na apresentação de um exemplo real (Claroline).

Os assuntos que você estudou até o momento foram colocados na ótica de um ambiente centrado no aluno, o que lhe dá maior responsabilidade e exige dos demais participantes do ambiente, na parte docente e administrativa, ações inovadoras que você tem o direito de exigir na mesma medida em que lhe é exigida, em contraposição, uma participação ativa e também diferenciada.

Opção pelo
ensino em AVA

capítulo 2

Opção pelo ensino em AVA

"Uma biblioteca pode ser muito grande, mas desordenada não é tão útil quanto uma pequena e bem organizada. Do mesmo modo, um homem pode possuir uma grande quantidade de conhecimento, mas se não o tiver trabalhado em sua mente por si, tem muito menos valor que uma quantidade muito menor que foi cuidadosamente considerada. Pois é somente quando um homem analisa aquilo que sabe em todos os aspectos, comparando uma verdade com outra, que se dá conta por completo de seu próprio conhecimento e adquire seu poder. Um homem só pode ponderar a respeito daquilo que sabe – portanto, deveria aprender algo; todavia, um homem só sabe aquilo sobre o que ponderou".

(Schopenhauer, 2005, tradução nossa)

A ATIVIDADE DE ENSINO E APRENDIZAGEM, SEJA FORMAL OU complementar, em um processo de educação permanente e continuada, é uma necessidade posta como desafio aos profissionais no mercado contemporâneo.

Muitas vezes, situações diversas impedem o retorno aos bancos escolares e o profissional tem, no ensino a distância, uma nova chance de desenvolver e complementar os seus estudos.

Mas o que você deve aprender é que nem todas as pessoas estão preparadas para enfrentar essa abordagem do processo de ensino e aprendizagem, o que nos leva a apresentar as características do aluno EaD, para que você verifique quais pontos deve levar em consideração, como mudança de comportamento.

2.1 Característica dos estudantes em EaD

Podemos observar que, como você, a clientela formada por estudantes que procuram cursos ofertados na modalidade do ensino a distância difere daquela que busca os cursos tradicionais. Peters (2001) considera como características básicas da EaD:

- ~ Alunos adultos que dispõem de uma experiência de vida maior e, dessa forma, encaram os estudos de uma forma diversa daqueles que iniciam a vida acadêmica.
- ~ Alunos que trazem experiências profissionais que influenciam no modo como eles irão estudar. Uma parte é formada por profissionais que somente podem desenvolver os estudos de forma concomitante com

suas atividades. Outra parte é formada por pessoas que têm os mais diversos impedimentos para frequentar a educação acadêmica formal.

Muitos desses impedimentos provêm de situações nas quais não lhes foi dada a possibilidade de desenvolver seus estudos acadêmicos. Alguns deles têm a sua primeira chance de desenvolver seus estudos.

Grande parcela deles é formada por pessoas em ascensão e que necessitam completar seus estudos e elevar seu *status* social ou profissional.

Observa-se outro grupo, formado por pessoas com uma idade mais avançada e que está em uma situação que pode ser considerada a última chance de completar sua formação.

Existem ainda aquelas pessoas que estão impedidas pelos seus afazeres pessoais, como donas de casa, presidiários, deficientes ou portadores de doenças e às quais não se pode negar o acesso à educação.

Analise a sua situação particular para confrontar com o que os especialistas consideram como o perfil de um aluno que desenvolve cursos na modalidade não presencial ou semipresencial no AVA.

2.2 Justificativas para escolha

Um olhar mais profundo na avaliação de cursos ofertados na modalidade EaD permite observar que jovens em início de formação ainda não estão habituados nem apresentam a motivação necessária para desenvolver atividades de autoestudo ou estudo independente. Eles ainda estão dependentes em termos de senso crítico e criatividade e, em muitos casos, necessitam das possibilidades de socialização que ocorrem nos cursos formais tradicionais.

Essa é a primeira pergunta que você pode responder ao desenvolver uma análise introspectiva de suas características pessoais. É necessário ter em mente que, se não atender a condições mínimas, não vale a pena arriscar-se em uma aventura de consequências funestas, como pode ser a de um curso efetuado na modalidade EaD. Essa é uma decisão pessoal, mas não custa nada lembrar que as taxas de evasão são grandes e em sua grande maioria acontecem com pessoas que não analisaram a sua capacidade e preparo para o estudo independente.

A partir de observações de diversas pessoas matriculadas em cursos ofertados na modalidade EaD, é possível levantar as razões alegadas para a adoção dessa opção. A partir delas você pode conferir seu posicionamento e as razões que o levaram a tomar essa decisão. Verifique a seguir algumas das vantagens proporcionadas pela EaD:

~ Facilita a formação de pessoas que, pelas mais diversas razões profissionais, pessoais, por residirem em locais sem acesso a centros educacionais, que tenham pendências com a sociedade ou apresentem problemas de deficiência física, não podem desenvolver a educação formal tradicional.

~ Permite que você conjugue os seus estudos com as atividades profissionais ou sociais às quais está obrigado.

~ Apresenta uma variada gama de cursos ofertados para atender a diversas áreas, tais como estudos independentes, estudos de formação complementar, estudos técnicos, estudos em áreas tecnológicas, graduação e pós-graduação, com acesso facilitado e custos menores. É importante destacar que o fator custo não deve ser o fator motivador principal, mas um aspecto complementar.

~ Permite que você escolha os assuntos mais diretamente relacionados com sua formação profissional e preocupações. Você pode escolher aqueles que mais se aproximam da experiência adquirida durante o desenvolvimento de suas tarefas profissionais ou sociais, ainda que em sua região não existam instituições de ensino presencial, o que é uma das grandes vantagens oferecidas.

~ Permite que você escolha onde, quando e como estudar. Em alguns casos de cursos de currículo aberto, você pode escolher também o que deseja estudar para obter uma formação mais eclética.

~ Você pode escolher os meios pelos quais irá receber os materiais, caso a instituição escolhida efetue a oferta desses recursos em multimeios. A variedade de materiais dá flexibilidade e pode atender a estilos particulares de aprendizagem.

~ Possibilita que você trabalhe com a aprendizagem colaborativa, em que a sua responsabilidade frente ao seu grupo de trabalho e a utilização de seu conhecimento prévio como parte de valor no processo educacional do grupo fazem com que a sua motivação seja constante.

~ Permite que você tenha um atendimento personalizado, em alguns modelos e propostas, por meio de orientação acadêmica e da adaptabilidade dos planos de estudo as suas características individuais.

Você pode novamente comparar e verificar o acerto dessas colocações e a sua inserção em todas ou algumas das características apontadas. Espera-se que as condições mínimas para sua participação no AVA e o desenvolvimento de seus estudos de forma independente estejam claros para que você possa justificar a sua própria escolha.

2.3 Como fazer a melhor escolha

Ao escolher um curso, preocupe-se em levantar todos os dados necessários para que essa escolha seja a melhor possível. Se as razões justificam a sua opção, você deve, em uma segunda etapa, buscar a instituição que lhe possibilite as melhores condições de desenvolver com segurança os seus estudos. Podemos relacionar alguns itens que você deve analisar, com especial atenção, para evitar embarcar em uma aventura cujo final será sua evasão:

~ Assegure-se que a instituição central tenha um serviço de orientação acadêmica que atenda às suas necessidades de comunicação bidirecional com a instituição, com outros alunos e com os professores especialistas e/ou orientadores acadêmicos.
~ Verifique a estrutura de comunicação proposta e se ela atende às suas necessidades de forma ágil, personalizada

e com respeito aos horários em que você pode dispor de tempo para desenvolver essas atividades.

~ Desenvolva pesquisas sobre a estrutura de comunicação oferecida e verifique se a instituição apresenta a possibilidade de frequência a seminários presenciais, oficinas de trabalho prático, teleconferências e videoconferências complementares, que facilitem a compreensão dos conteúdos e esclarecimento das suas dúvidas.

~ Investigue a qualidade do corpo docente e da orientação acadêmica prestada pela instituição e procure ter acesso às avaliações desenvolvidas por turmas anteriores de modo a garantir que irá receber ensinamentos e atendimento de qualidade.

~ Verifique os materiais de estudo que são ofertados, em que meios e se estes são adequados a sua disponibilidade. Dê preferência às instituições que trabalham com materiais didáticos dialógicos e interativos de alta qualidade.

~ Investigue a estrutura tecnológica para verificar se a mesma está apoiada nos mais modernos meios tecnológicos presentes na sociedade da informação e se lhe serão dadas orientações de acesso que facilitem o trabalho.

~ Verifique como são desenvolvidas as atividades de avaliação e se elas permitem que você, além de ser avaliado, avalie a estrutura tecnológica, a estrutura de comunicação, o atendimento da orientação acadêmica e a qualidade das aulas dos professores especialistas.

Esses cuidados preliminares vão possibilitar que você escolha a instituição que melhor atenda aos seus anseios e necessidades. Assim, você escolhe, de forma consciente e apoiada em evidências, como vai desenvolver seus estudos e a instituição na qual vai desenvolvê-los.

A partir daí, é necessário que você lance um olhar para dentro de si mesmo e verifique se tem as condições necessárias e suficientes para desenvolver um curso na modalidade semipresencial ou não presencial, com imersão total ou parcial no AVA, e desenvolver seu trabalho junto a uma CAV. Lembre que você vai depender da mediação tecnológica como apoio para comunicação multidirecional e de ferramentas que lhe permitam realizar de forma confortável a sua ação e prática discente, desenvolvida de forma independente.

Nos próximos capítulos você será orientado sobre como pode lançar esse olhar para dentro de si próprio e identificar se tem as condições e as formas para desenvolver seus estudos no AVA, considerado de uma forma ampla como aquele onde a comunicação entre professores e alunos é mediada pela tecnologia da informação.

Leia com atenção cada um dos aspectos que vão ser colocados para sua análise. A partir deste ponto você já tomou sua decisão, escolheu a instituição e deve assumir a corresponsabilidade pelo seu sucesso, não mais colocado na dependência da atuação dos professores ou de alguma forma de assistencialismo, mais complexa de se obter nas CAVs. Você está por sua conta, mas não sozinho. Lembre sempre desta colocação. Ela é fundamental para seu sucesso como aluno no AVA.

Formas individuais de aprender

capítulo 3

Formas individuais de aprender

"O que é aprender?

Buscar e absorver informações (12,70%)
Guardar, na memória, conteúdos transmitidos na escola (22,22%)
Desenvolver competências para ser capaz de criar soluções para problemas de entorno e aplicá-las na prática (51,59%).
'Absorver conhecimentos que possibilitam uma nova visão de mundo (13,49%)."

(Escola 2000, 2009)

Muitas são as colocações que buscam orientar sobre as formas de aprender: "aprender a aprender"; "aprender pela pesquisa"; "aprender fazendo", entre outras.

Existem estudos sobre inteligências múltiplas (Gardner, 1994), há toda uma teoria de aprendizagem, pedagogia diferenciada, que busca valorizar formas individuais de aprender em ritmos próprios. Mas o que importa é que você saiba identificar como aprende. Isto vai facilitar em muito não somente a busca de recursos, mas também o estabelecimento de estratégias para a solução de problemas. Esse fato justifica o tratamento específico para que, antes de iniciar os seus estudos, você saiba identificar quais as formas mais adequadas as suas características pessoais.

3.1 A preparação do aluno

Provavelmente, como você, muitos adultos permaneceram fora do sistema educacional por muito tempo, devido às mais variadas razões. Outros não tiveram a oportunidade de desenvolver a sua formação. Para essas pessoas existe um nível variado de dificuldade, com dúvidas e incertezas quanto à capacidade de aprender no AVA, ao qual muitas delas não estão afeitas.

O medo de que o cérebro tenha criado "teias de aranha" ou esteja "enferrujado" não é totalmente sem propósito, e esse fato é o motivador negativo que impede que muitas pessoas não respondam ao desafio da formação permanente e continuada. O retorno ou início retardado das atividades de ensino e aprendizagem sempre traz consigo alguma forma de trauma e vai exigir um esforço adicional, pelo menos para a grande maioria das pessoas. Por isso, não se julgue "diferente" se esses sentimentos perpassarem por sua mente e nem por isso desista de seus propósitos.

Você já foi informado de que um grande um percentual das pessoas que desenvolvem o seu processo de formação inicial ou permanente e continuada é composto por adultos. Assim como você, eles sabem o que querem ou o que lhes é exigido, e respondem de forma positiva ao enfrentar um processo de aquisição de novas competências e habilidades.

Esse processo é imposto pela competitividade do mercado. Mas não deve ser desenvolvido a contragosto, sob pena do aproveitamento não ser o esperado. Nesse caso, podem não ser atendidas as atitudes necessárias para o desenvolvimento da aprendizagem de forma colaborativa, em grupos, e que exige capacidade de ser independente de um processo de condutismo.

O contato diário com essas pessoas vai lhe mostrar que na dependência de fatores emocionais externos ao processo muitas delas adquirem ou readquirem o gosto pela aprendizagem, pela aquisição do conhecimento. Elas desenvolvem formas particulares de criar esses conhecimentos, ou seja, aprendem a aprender, uma habilidade que muitas vezes não é obtida nos bancos escolares da educação formal. Considere a afirmação *"aprender a aprender"* com cuidado e atenção. Ela pode ser um complemento ou se confundir com os quatro pilares que sustentam a educação no futuro: aprender a conhecer; aprender a fazer; aprender a viver juntos; e aprender a ser, conforme colocado pelo relatório de Delors (1999) para a Unesco.

A quem cabe a primeira tarefa? Como saber de que forma você aprende? Qual o seu grau de educabilidade cognitiva? Qual o limite de informações que seu nível cognitivo permite acessar sem que aconteça um processo de sobrecarga cognitiva? O que antes era uma tarefa que cabia apenas à escola e ao professor agora cabe também a você, com o auxílio de um processo de autoavaliação introspectiva para determinar qual a sua forma de aprender. Essa é a nossa primeira preocupação quando uma nova leva de estudantes chega até nós.

A aplicação de um processo de avaliação diagnóstica que permite conhecer cada um dos alunos nem sempre é possível, devido ao elevado número de pessoas matriculadas. Nesses casos, o conhecimento do aluno é repassado ao especialista ou regente pelo relato e avaliação dos orientadores acadêmicos presenciais, quando o cenário é o da "presença conectada". Nesse cenário, a instituição envia sinal televisivo distribuído em *broadcast* à presença de especialistas em polos presenciais e que contam com um orientador acadêmico especialista na área do conhecimento do curso. Este avalia o aluno presencialmente e repassa essas informações para os demais interessados.

Em outro tipo de cenário, em que ocorre uma imersão total do aluno no virtual (*e-learning*), essa falta de conhecimento pode provocar um percentual maior de evasão, por não atender de forma adequada ao aluno. Aqui a sua intervenção é definitiva. É você quem determina as condições de aprendizagem, mas é preciso lembrar que o estudo no AVA não significa estudar sozinho. Para apoio do aluno, existem os orientadores acadêmicos, os grupos, a comunidade do curso e as comunidades externas. É um conjunto de suporte que resolvemos denominar CAV.

Isso é normal, pois muitos alunos se aventuram em processos de formação inicial ou permanente e continuada no ambiente virtual, sem saber o que deles é exigido ou como devem adquirir as condições mínimas para que possam desenvolver seus estudos. Essa é a lacuna que este material pretende preencher.

A partir dessa situação, você vai ser submetido a um processo de nivelamento em duas áreas diversas. A relação de atividades relacionadas a seguir pode ser considerada uma de suas postulações para a instituição que oferece o curso:

~ Um nivelamento tecnológico, que o oriente sobre o uso dos recursos que são colocados a sua disposição. Essa providência é inadiável, pois muitos alunos desistem devido a uma dificuldade inicial no trato com a mediação tecnológica.

~ Um levantamento das reais condições que você tem de desenvolver as suas atividades de forma independente, o que não tem nada a ver com processos de exclusão social, exclusão digital ou dificuldades de aprendizagem. Essas colocações dizem respeito as suas condições cognitivas para desenvolver a atividade de ensino e aprendizagem no virtual. A verificação de dificuldades não precisa ser excludente, mas sim objeto de cuidados especiais com as pessoas nessas condições.

A primeira providência pode ser desenvolvida por meio de um programa de formação desenvolvido na forma de um treinamento baseado na *Web*, ou WBT– *Based Training*, que o submeta a um processo de imersão total, mensure as dificuldades tecnológicas e simule as situações que você vai vivenciar durante o desenvolvimento de seu curso.

Esse programa deve ser apresentado em múltiplos meios (material impresso, mídia digital, multimídia e hipermídia) e inclui texto, vídeo, áudio, rádio, *Web TV*, simulações e processo de autoavaliação formativa e avaliação somativa final com uso de videoconferências ou *webcam*. No transcorrer do processo você deve utilizar todas as ferramentas tecnológicas colocadas a sua disposição e adquirir familiaridade com a tecnologia, antes de iniciar o seu processo de formação no AVA e ser um participante ativo da CAV formada em seu entorno.

A segunda providência é a leitura e estudo detalhado deste livro, ou similar, alterado para uma forma dialógica diferenciada e que incentive a interatividade levada ao ponto mais aprofundado possível, sem que provoque sobrecarga cognitiva.

Somente após passar por esses dois programas você pode considerar-se apto a desenvolver suas atividades no AVA, desde que detectadas condições integrais para tanto, ou que o nível de dificuldade seja superável com acompanhamento especial. Assim, são dadas todas as oportunidades para que ocorra um nivelamento que evita que sua opção em desenvolver um processo de formação inicial ou continuada no AVA transforme-se em uma aventura que traga custo e perda de tempo.

Existem pessoas que, após passar por essa bateria inicial, não demonstram condições para participar desse tipo de processo de formação. Se você estiver incluído nesse rol de pessoas, resta-lhe a educação formal tradicional. Recomenda-se não insistir em tentativas infrutíferas, que somente se tornam efetivas via um assistencialismo que pode lhe conduzir a um sucesso temporário.

É importante que você lembre que o processo atual de seleção e promoção de profissionais no mercado de trabalho, de forma geral, desenvolve-se apoiado na avaliação de competências e habilidades. Elas são adquiridas apenas por participantes ativos, sem incluir as pessoas que somente conseguem galgar degraus por meio do assistencialismo e da insistência em evitar a repetência ao aprovar alunos sem condição.

3.2 Autoavaliação das condições de aprendizagem

De forma imediatamente posterior ao primeiro nível de nivelamento, que vai lhe dar o conhecimento tecnológico para que tenha condições de enfrentar novos desafios postos para atuação no AVA, segue-se a necessidade de mudança de características pessoais que estão presentes em grande parte dos alunos provenientes dos ambientes da educação formal tradicional.

O primeiro obstáculo a superar no seu perfil profissional será alterar o papel de receptor passivo, que não questiona, mas apenas procura guardar (decorar) conceitos, para poder obter nota suficiente que lhe permita passar para uma nova fase de sua aprendizagem, muitas vezes sem conhecimentos suficientes. Em grande parte, na educação formal tradicional o aluno recebe um conhecimento pronto e acabado, cujo conteúdo fica na dependência de desejos, vontades ou conhecimentos e forma particular de ensinar de um determinado docente. Muitas vezes essa visão é reducionista em relação às necessidades do mercado. A atividade de aprendizagem não se resume à memorização de fatos. Ela inclui o desenvolvimento de habilidades, conhecimento, pensamento crítico e poder de argumentação.

Neste ponto você pode esbarrar em um grande problema, que afeta de forma geral toda a população mundial e que não é característica apenas de países subdesenvolvidos ou em desenvolvimento, mas uma característica que inclui os países considerados desenvolvidos e afeta diretamente pessoas com elevado nível de formação. Trata-se do *analfabetismo funcional*, que reflete um erro na estrutura do sistema educacional.

Ele pode ser resumido de forma minimalista como *ler e não entender* ou *ler e entender uma mensagem diferente daquela que o autor pretendia transmitir*. Essa "herança" indesejada deve ser trabalhada nas fases iniciais de sua participação em iniciativas que exigem alto volume de leitura. Somente se atinge a perfeição na leitura e na interpretação por meio de uma prática incessante. Essa é uma das exigências que você deve fazer a si próprio. Avaliar como está o seu grau de alfabetização funcional e trabalhar no sentido de que ela seja melhorada se for observada uma dificuldade de interpretação de textos. Discorrer sobre as formas de eliminação desse problema remete a outra obra que trate especificamente do tema e proponha soluções mais aprofundadas que o tratamento minimalista que vai ser dado ao tema nesse material, mas sem negar a sua fundamental importância.

O segundo obstáculo que você tem que superar é uma dificuldade crônica com relação ao desenvolvimento de trabalhos em grupo, efetivados de forma colaborativa. Aqui, o trabalho trata mais especificamente da gestão de conflitos e da dificuldade em permitir que destaques individuais ponham a perder a intenção de que todos participem, sem que haja algum "líder" com a responsabilidade de definir os procedimentos, que acabe por substituir o professor. Observe o seu comportamento em situações anteriores e caso enxergue essa deficiência, procure corrigi-la. Procure lembrar-se dos pilares que sustentam a educação do futuro; um deles diz respeito a desenvolver a habilidade de viver junto com outras pessoas e desenvolver atividades colaborativas.

Assim que você superar essas dificuldades iniciais, resta uma questão referente à *gestão de tempo*. Ela é um aspecto indissociável da velocidade com que as coisas acontecem em uma sociedade ansiosa, em busca de soluções para problemas que não temos ou com os quais conseguimos conviver de forma mais conveniente do que com as tecnologias desenvolvidas para sua solução. Parece que todos vivem em uma pressa descontrolada, que não deixa tempo para nada. Procure eliminar a pressa de suas características pessoais e dimensionar a utilização de seu tempo.

A participação no AVA envolve a presença de metadados e conteúdos em profusão. A compreensão desses materiais – aquele que descreve (metadados) as atividades e aquele que tem o conteúdo a ser trabalhado – é o primeiro obstáculo a ser superado e representa a abertura das portas que levam ao caminho para desenvolver com maior possibilidade de sucesso a atividade de "aprender a aprender", uma das formas de primeiro saber o que o programa solicita e, então, compreender o que é solicitado. Segundo Martins (2009), isso exige do aluno as seguintes atitudes:

~ Querer aprender.
~ Aprender a pensar.
~ Aprender conhecimentos ou conteúdos.

Neste momento, entram em cena os seus conhecimentos anteriores e o reconhecimento da importância que eles têm. Independentemente de suas experiências terem sido negativas ou positivas, foram elas que moldaram o seu comportamento e suas atitudes atuais. Seu reconhecimento pode auxiliar de forma decisiva na atividade de aprendizagem. Ele deve ser colocado sempre na berlinda, pois pode auxiliar na solução de problemas propostos sobre os quais você tenha conhecimento anterior.

Não esqueça que se aprende algo em cada experiência vivida. Não devemos pensar nelas apenas como conhecimento adquirido, mas devemos nos deter na forma como esse conhecimento foi adquirido. Ao adotar essa linha de raciocínio, você se direciona para definir e criar formas individuais de adquirir o conhecimento que procura. Essa abordagem é similar à utilização das grandes bases de dados que contêm o registro de experiências e permite que seja utilizada a técnica do raciocínio baseado em casos (RBC), proposta por um grupo de trabalho da Universidade da Yale, liderado por Roger Schank, que busca resolver novos problemas com base em soluções utilizadas anteriormente. Ao relacionar o processo formal com o seu interesse, que pode ser extraído das experiências vividas, é mais fácil atingir um dos principais objetivos, que é a motivação constante para o desenvolvimento das atividades propostas.

O importante para você é saber mensurar (avaliar) esse conhecimento anterior e descobrir as formas de colocá-lo em ação sempre que situações similares ocorrerem. Uma boa medida é comparar as suas tentativas. Separe aquelas nas quais obteve sucesso ou insucesso e busque as razões que "justificam" o resultado. Essa é uma prática que pode ser desenvolvida na forma de uma atividade individual.

Preencha um quadro que relacione a atividade, o resultado e as razões que colaboraram de forma direta para que esse resultado (positivo ou negativo) fosse alcançado. Veja, a seguir, um exemplo de quadro de sucesso.

Quadro 1 – Exemplo de quadro de sucesso (razões para o sucesso e o insucesso)

Atividade	Resultado	Razões
Exame para tirar Carteira Nacional de Habilitação	Sucesso	~ Elevado interesse e participação do professor. ~ Necessidade. ~ Desejo pessoal.
Vestibular para o curso de Direito	Insucesso	~ Não tinha certeza sobre a profissão que seguiria. ~ Não estudei o suficiente.

FONTE: ADAPTADO DE DAWSON, 2004.

Após montar o quadro, destaque as principais razões, e não apenas uma, para atingir o resultado obtido. Ignore aquelas consideradas como acessórias. É um exercício útil para identificar o que o motiva. Desenvolva essa atividade sem acompanhamento ou avaliação externa, como um processo de autoavaliação para começar a perceber em quais situações conseguiu resultados positivos e identificar uma linha comum de ação, que pode indicar uma forma particular de aquisição de conhecimento.

Dessa forma, você pode identificar as formas como aprende, a partir da análise das situações nas quais obteve maior sucesso em suas tentativas de aquisição de novos conhecimentos.

Segundo Dawson (2004), esse exercício leva à conclusão de que, para o sucesso na atividade de aprendizagem, os seguintes fatores devem estar presentes:

- ~ As habilidades a serem aprendidas são relevantes para você e para suas necessidades.
- ~ Você está interessado em aprender sobre o assunto;
- ~ Você está motivado para aprender.
- ~ Você pode aprender a utilizar essas habilidades em contextos e atividades diferenciadas.
- ~ Você está ativamente engajado no processo de ensino e aprendizagem.
- ~ Você é capaz de pensar, desenvolver e trabalhar em seu próprio ritmo individual.
- ~ Você sente-se confortável com o AVA oferecido.
- ~ Você sente-se confortável com o instrutor, com os métodos de ensino e com os materiais.

Fazer com que você tenha ou perceba essas sensações é uma questão de avaliação do AVA e da CAV criada em seu entorno. Eles devem criar condições para que esses aspectos sejam atendidos. Esse fato está sob responsabilidade direta da gestão diferenciada por parte da instituição que oferece os seus programas de formação. A tendência é ressaltar os aspectos positivos e diminuir os fatores de desconforto com a atividade de ensino e aprendizagem. Esta tem sido a orientação das principais teorias de aprendizagem modernas que, em resumo, colocam o aluno como centro do processo de ensino e aprendizagem, fato que conta com defensores e críticos. Cabe a você exigir que essas condições sejam ofertadas.

A partir do mesmo quadro, Dawson (2004) pontua as principais razões para o insucesso e que devem, da mesma forma, ser tratadas com cuidado no processo de gestão. Podem ser tidas como principais conclusões para o insucesso da aprendizagem:

~ Foram utilizados métodos e materiais de aprendizagem pobres em seu conteúdo, apresentação e motivação.
~ O trabalho no AVA foi desconfortável.
~ Ocorreu perda da privacidade e confidencialidade.
~ Observou-se uma baixa estima e opinião negativa sobre as habilidades próprias de cada um.
~ O conteúdo foi irrelevante para o interesse do aluno e para sua vida pessoal e profissional.
~ Situação na qual o aluno fez algo imposto e que não queria fazer, apenas como uma imposição ou obrigação a ser cumprida.

Para completar um conjunto de providências que criem condições favoráveis para que a atividade de ensino e aprendizagem tenha sucesso, está posto o processo de avaliação formativa. Ele é orientado no sentido de que seja uma autoavaliação, desenvolvida antes, durante e após o encerramento de cada etapa e não ao final, quando você não pode mais recuperar o tempo perdido e adotar mudanças de rota que poderiam alterar o resultado final.

É importante que você tome consciência do trabalho que lhe é exigido, para que essas condições sejam atingidas. Sem sua participação ativa, todas as medidas tomadas tornam-se irrelevantes e o processo tende ao insucesso.

Sugerimos que você utilize dois artifícios que permitem identificar e superar condições indesejáveis: um diário de bordo, no qual você vai anotar todas as ocorrências diárias de seu curso; e um portfólio, onde vai registrar o caminho seguido para a resolução de todas as atividades desenvolvidas. Com o uso dessas ferramentas, você pode observar pontos de inflexão importantes, alguns resultantes de medidas próprias e outros que ocorreram como consequência direta de medidas saneadoras tomadas pelos gestores.

3.3 Identifique o estilo próprio de aprendizagem

Estudos desenvolvidos pelos pesquisadores da Universidade de Harvard e compilados por Smith e David (1986) proporcionam um levantamento sobre a questão de estilo próprio de aprendizagem que você deve identificar quando for estudar no AVA.

Essa atividade deve ser desenvolvida também pelos orientadores acadêmicos, especialistas ou regentes e pelos gestores dos cursos ofertados no AVA. Os resultados podem ser confrontados de forma confidencial para verificar incorreções nessa identificação. Temos utilizado algumas conclusões desses estudos para propor medidas que permitam criar condições mais favoráveis para que ocorra a atividade de ensino e aprendizagem.

Os pesquisadores citados consideram que um estilo de aprendizagem é um método que você utiliza para a aquisição de conhecimento. Considera-se que, da mesma forma que cada ser humano tem uma impressão digital única, ele tem um estilo único e individual de desenvolver a aprendizagem. Dessa forma, o acompanhamento desses estudos permitiu identificar sete estilos de aprendizagem, também denominados *tipos de inteligência*:

- ~ Físico — Indivíduo que usa muito a expressão corporal.
- ~ Interpessoal — Indivíduo extrovertido.
- ~ Intrapessoal — Indivíduo introspectivo.
- ~ Linguístico — Aqueles que se expressam melhor com palavras.
- ~ Matemático — Os que usam mais o pensamento ou raciocínio lógico.
- ~ Musical — Se interessam mais por sons e música.
- ~ Visual — Exploram mais o aspecto visual das coisas.

Esses estudos derivam da obra de Gardner (1994) e de sua teoria das inteligências múltiplas. Mais recentemente, ele propôs dois novos tipos de inteligência ou estilos de aprendizagem:

~ NATURALISTA — Habilidade de explorar e identificar padrões da natureza.
~ EXISTENCIALISTA — Preocupação e formulação de perguntas sobre a vida, a morte e o universo.

Dessa forma, em relação direta com esses estilos, o conteúdo é colocado em múltiplas mídias para ampliar a adequação dos conteúdos às formas particulares de aprendizagem de cada um. O uso de objetos de aprendizagem com altas características de flexibilidade é outro poderoso auxiliar para se alcançar esse objetivo. A empatia com o material é um dos principais fatores de motivação, continuidade e participação ativa do aluno.

O papel de identificar o estilo de aprendizagem predominante é uma tarefa que deve contar com a sua participação, junto com o docente ou com o orientador acadêmico, caso ele se encontre mais próximo do aluno. A leitura das observações seguintes pode colaborar nesse processo.

Caso você possa identificar o seu estilo de aprendizagem, irá buscar, em seu procedimento independente, os materiais, na forma mais adequada para que ela ocorra. Essa é a principal razão que temos para orientá-lo no sentido de descobrir qual o estilo de aprendizagem predominante. Considera-se que é possível identificar, entre as sete inteligências que podem conviver em um mesmo indivíduo, qual delas define de forma predominante o seu estilo de aprendizagem.

Teixeira (2005), pesquisador da Faculdade de Economia, Administração e Contabilidade da Universidade de São Paulo (FEA/USP), desenvolve estudos nos quais procura responder à pergunta colocada como desafio para o docente e para o aluno: *Como alguém pode descobrir a sua modalidade preferida para aprender?* Recomenda-se a leitura completa do artigo* no qual as considerações que temos repassado aos alunos estão apoiadas, como referencial teórico para a discussão em questão. O aluno, junto com os docentes e orientadores acadêmicos, deve procurar perceber como aprende mais:

~ ao anotar tudo o que é explicado em uma apresentação, vídeo ou leitura;
~ quando ouve com atenção algo apresentado em áudio;
~ quando vê animações, ilustrações e simulações produzidas em multimídia;
~ quando desenvolve ações grupais interativas, incentivadas no AVA.

Teixeira (2005) cita estudos desenvolvidos nos Estados Unidos sobre as formas como o aluno aprende. Ele apresenta na Tabela 1 os resultados:

Tabela 1 - Estilos de aprendizagem

Modalidade	%
Auditivo (som, música)	33
Sinestésico (movimento, leitura, tato)	36
Visual (imagem)	31

FONTE: TEIXEIRA, 2005.

---

*Para visualizar o artigo na íntegra, acesse o *site*:
<http://www.serprofessoruniversitario.pro.br/ler.php?modulo=8&texto=447>

Os estudos citados por Teixeira (2005) consideram de fundamental importância que você conheça as modalidades preferenciais de aprendizagem como forma de obter sucesso na atividade de ensinar (o docente) e aprender (o aluno). O docente poderá lhe orientar de forma mais direta ou criar caminhos de aprendizagem com o uso de objetos que estejam mais de acordo com suas características.

O autor sugere que se utilizem as características das pessoas apresentadas na sequência como forma de identificar essas preferências:

Pessoas visuais são as que:

~ falam rápido;
~ frocuram ser limpas e organizadas;
~ frequentemente respondem às perguntas com um simples sim ou não;
~ gostam de fazer rabiscos enquanto participam de uma reunião;
~ observam os detalhes ambientais;
~ buscam o bom planejamento a longo prazo;
~ executam a leitura com rapidez;
~ memorizam através de associações visuais;
~ lembram melhor o que viram do que aquilo que ouviram;
~ não se distraem facilmente com o barulho;
~ têm problemas para lembrar instruções verbais;
~ precisam de uma visão global e querem saber o intuito de todo e qualquer projeto;
~ esquecem de deixar instruções verbais para os outros.

- gostam mais de artes plásticas do que de música;
- às vezes saem de sintonia quando precisam prestar atenção durante muito tempo;
- preferem fazer uma demonstração física a fazer um discurso;
- comumente sabem o que têm de dizer, porém não conseguem pronunciar as palavras corretas.

PESSOAS AUDITIVAS SÃO AS QUE:

- falam consigo mesmas enquanto estão trabalhando;
- gostam mais de piadas contadas do que de mímica e de trejeitos cômicos;
- distraem-se facilmente com o barulho;
- têm problemas com projetos que envolvam visualização, como, por exemplo, cortar algo em pedaços para fazer alguma montagem;
- mexem os lábios e pronunciam as palavras enquanto estão lendo;
- gostam de ler as coisas em voz alta e ouvir o que estão dizendo;
- adoram discutir e entram em longas descrições;
- aprendem melhor quando ouvem e lembram o que foi discutido com mais precisão do que aquilo que foi mostrado;
- podem repetir e inclusive fazer imitação do timbre e da intensidade da voz de quem ouviram falar;
- acham o ato de escrever enfadonho, porém são muito bons no discurso;
- apreciam mais a música do que as artes plásticas;

- falam em padrões rítmicos;
- frequentemente discursam com eloquência;
- podem soletrar ou explicar detalhadamente, melhor do que escrevendo, as mesmas informações.

Pessoas sinestésicas são as que:

- falam bem devagar e em padrões rítmicos;
- não conseguem lembrar-se de localidades e de outros pontos geográficos, a não ser que tenham estado lá recentemente;
- usam palavras de ação;
- respondem prontamente a apelos físicos;
- tocam nas pessoas para poder chamar a sua atenção.
- não conseguem ficar sentadas quietas durante longos períodos;
- fazem muitos gestos;
- sentam-se perto de alguém quando estão falando;
- usam o dedo como um indicador enquanto estão lendo;
- memorizam melhor quando estão andando e vendo;
- aprendem com mais eficiência e eficácia quando estão fazendo ou manipulando algo;
- possuem um desenvolvimento muscular precoce;
- soltam-se continuamente para a movimentação e para o esforço físico;
- gostam de estar envolvidos em jogos;
- podem ter uma caligrafia bem feia.

Quando você não tiver contato direto com o docente e orientador acadêmico, seja de forma presencial ou com a utilização de alguma tecnologia, esses indicativos podem ser obtidos com o uso de questionários dirigidos e combinados que permitam confirmar o seu enquadramento em um estilo dominante.

Esse conhecimento é importante, pois se considera que essa identificação permite aos projetistas, docentes e orientadores acadêmicos desenvolverem formas diferenciadas de lhe atender de forma individual e identificar quais recursos pesquisar em seu processo de aprendizagem independente.

Esse conhecimento, não individualizado, como apresentado na Tabela 1, permite ao projetista instrucional desenvolver as atividades com o uso de uma mescla de recursos para formatar objetos de aprendizagem. O fato de que esses elementos mesclam mídias diversificadas pode atender de forma mais completa a um público-alvo diversificado, formando pessoas com diferentes estilos de aprendizagem.

Para os docentes, a percepção desse fato permite a adoção de métodos de ensino mais apropriados a situações individuais, se estas puderem ser tratadas com a proposta do uso de objetos de aprendizagem em meios diversificados.

Para você, conhecer a forma como aprende é um diferencial consistente e permite que, ao desenvolver pesquisas para obter recursos para seus trabalhos acadêmicos ou profissionais, você saiba exatamente em quais repositórios deve procurar, além das formas de mídia que lhe dão mais condições de sucesso.

Decorre daí a importância deste capítulo como orientação individual e alerta para os responsáveis por seu processo de aprendizagem na identificação do seu estilo de aprendizagem individual de aprender.

Apesar de destacarmos características individuais, é importante ressaltar que no mesmo indivíduo pode ocorrer uma presença de diferentes estilos, com a possibilidade de um deles prevalecer sobre os demais. Esse aspecto poderá trazer mais vantagens para o seu portador. Mas o importante é deixar claro que, para o docente, conhecer a característica do aluno, única ou mesclada, torna-se uma possibilidade de aumentar o grau de flexibilidade nas tarefas propostas e, assim, atingir os objetivos.

capítulo 4

A importância de fazer parte de algo

A importância de fazer parte de algo

"Todas as relações — familiares, profissionais ou pessoais — devem ser permeadas pela afetividade, em qualquer idade ou nível sociocultural".

(Antunes, 2002)

No capítulo anterior foi utilizada como base de apoio a teoria das inteligências múltiplas de Gardner (1994). Este capítulo vai utilizar a teoria da inteligência emocional de Goleman (1995), em apoio e complemento aos estudos desenvolvidos por Holmberg (1986) em sua teoria social. Ela considera que você aprende mais quando se sente parte integrante de uma estrutura.

4.1 Características da EaD

Nossa preferência no desenvolvimento de materiais recai sobre um estilo algumas vezes combatido no meio acadêmico: o uso de uma linguagem coloquial, em detrimento do uso de um formalismo positivista. Esse fato visa despertar o lado emocional. Dessa forma, a atividade de ensino e aprendizagem transforma-se em uma conversação entre você e o docente e, assim, torna-se mais agradável.

Entre as múltiplas definições do ensino a distância e de teorias que podem ser consideradas como complementares ou que analisam aspectos particulares não conflitantes, preferiu-se a colocada por Keegan (1993), que considera que:

~ esse processo é caracterizado por uma separação quase permanente entre você e o professor, durante o processo de aprendizagem;
~ há a influência de uma organização educacional no planejamento e na preparação de materiais para seu uso;
~ essa influência se estende para a provisão de serviços que lhe deem todo o suporte necessário, o que diversifica essa modalidade do estudo autodidata e informal;

- há a utilização de meios tecnológicos (impresso, áudio, vídeo e computadores) para proporcionar a sua comunicação com o conteúdo dos cursos, além de informações (metadados) em abundância para orientar como você deve desenvolver todas as atividades;
- os meios tecnológicos proporcionam comunicação bidirecional e multidirecional entre todos os participantes, o que facilita o diálogo, a interação e um processo de comunicação ativo diferente de qualquer outra tecnologia utilizada em educação;
- uma característica dos cursos semipresenciais ou a distância é quase permanente ausência de encontros presenciais entre você e os demais estudantes. Pode ocorrer o "fantasma da solidão", com a consequente evasão do aluno. Essa é a principal razão da criação da CAV que caracteriza o AVA. Ambos os espaços são criados e mantidos por programas de gerenciamento, como destacamos durante a exposição desses objetos.

Esse enfoque permite diferenciar de forma clara o ensino a distância da educação presencial em termos de sua efetivação, sem incentivo à contraposição das duas modalidades.

Há uma tendência irreversível de não haver mais a dicotomia que busca diferenciar e contrapor os processos presenciais e não presenciais ou semipresenciais, que podemos observar nos dias atuais. Considera-se que, em um futuro próximo, devido ao elevado grau de desenvolvimento tecnológico, esse processo vai ser híbrido, com a distância (transacional) reduzida a zero.

Mas, independentemente da forma de efetivação do processo de ensino e aprendizagem, existe uma característica que, se pode ser contornada no entorno presencial, não deve ser deixada ao acaso no entorno no AVA, ou seja, você não deve ficar entregue a sua própria sorte.

É importante repetir o que foi dito anteriormente. Estudar no AVA não significa "estudar sozinho", o que é diferente do conceito usado para a aprendizagem autodidata. Você pode utilizar os meios de suporte para beneficiar seu atendimento e torná-lo mais frequente e completo do que ocorre no ambiente presencial. Esse aspecto é que coloca o desafio para a instituição de ensino e para o docente de efetivar a presença social na vida do aluno como um dos fatores imprescindíveis para a manutenção de sua motivação, de forma constante e ativa durante todo o desenrolar do processo.

4.2 Questões de socialização

As interações possíveis entre você e os especialistas, orientadores acadêmicos e outros alunos, com o uso dos benefícios da evolução tecnológica, o envolvem na comunidade, em um processo de "socialização virtual" que, se não é similar àquela conseguida na educação formal tradicional, pode atingir uma grande proximidade, com aumento significativo de contatos. O tempo de resposta diminui de forma significativa e os diálogos síncronos podem incluir vídeos e outros elementos que tornam mais atraente o seu contato com a CAV. Está criado um primeiro atalho para que você sinta-se parte de "algo" ou tenha um sentimento de pertencer a alguma coisa a mais, que pode aproximar-se da sensação que o aluno presencial tem de sentir-se parte integrante da comunidade acadêmica.

Para completar essa sensação e dar a essas afirmações um cunho científico, temos divulgado e apoiado muitas das nossas ações na teoria da interação social, proposta por Holmberg (1986), que trata de proporcionar no AVA uma abordagem empática no seu relacionamento com os demais participantes. Segundo o autor, não se deve enxergar esse conceito como restrito à atividade de ensino e aprendizagem, mas procurar ampliar a sua abrangência. Holmberg apoia essa consideração em sua teoria e nos coloca as seguintes observações:

~ O ensino a distância serve a pessoas que não podem ou não querem fazer uso do processo de ensino e aprendizagem presencial.
~ O ensino a distância é guiado por materiais de cursos preparados previamente e pela mediação da comunicação entre alunos e uma organização de suporte, que é responsável pelo desenvolvimento do curso, pelas interações em múltiplas direções (em um *campus* virtual). Ela não se prende a nenhuma teoria de aprendizagem específica e está aberta a abordagens behavioristas, cognitivas, construtivistas e outros modos de aprendizagem que podem incentivar também abordagens metacognitivas.
~ O ponto central do ensino e aprendizagem a distância são as relações pessoais entre os participantes e a empatia entre a instituição que oferece os cursos, seus representantes e os estudantes. O sentimento de empatia e a sensação de pertencer a algo promovem de forma

significativa a motivação para aprender. Esses sentimentos são reforçados por abordagens diferenciadas, tais como a orientação, a solução de problemas, o diálogo extensivo e a interação amigável e com retorno imediato entre os estudantes e destes com os orientadores acadêmicos e com os professores especialistas ou regentes.

Holmberg (1986) coloca como base para sua teoria a afirmação de que se o ensino a distância é proporcionado, então é possível estudar em qualquer lugar e a qualquer tempo e seguir sua própria disponibilidade de tempo. Você pode escolher livremente o que, onde e quando estudar. Ao adotar essa proposta e a conclusão do autor, deve-se levar em consideração que os encontros síncronos e assíncronos podem ocorrer no AVA e que existem os polos presenciais, que não invalidam a conclusão apontada, posta como um ideal que depende de uma sensível mudança cultural dos participantes. Esses encontros completam a infraestrutura de suporte ao aluno e atuam como reforço às características que o autor apresenta.

4.3 A conversação

Holmberg (1986) considera que processos metacognitivos podem ser inspirados e apresenta a segunda parte de sua teoria, apoiada na abordagem da conversão entre alunos e professores, apoiada em quatro fatores:

~ Quanto maior as características conversacionais, maior é o sentimento que o aluno tem de pertencer à instituição que oferece o curso.

~ Quanto mais forte o sentimento do aluno de que a instituição que oferece os cursos está interessada em tornar a educação relevante ao interesse de cada aluno, maior é o seu envolvimento no processo.
~ Quanto mais forte for o sentimento do estudante de que existem relações pessoais entre ele e a organização que oferta o curso e de estar pessoalmente envolvido no objetivo de aprendizagem, maior a sua participação no processo.
~ Quanto mais independentes e com experiência acadêmica se apresentarem os alunos, menos relevantes tornam-se as características de conversação.

Temos procurado destacar esses aspectos para que você procure meios de estabelecer esse tipo de comunicação. Para isso, você deve se envolver diretamente com todas as atividades síncronas, assíncronas ou presenciais que sejam propostas e procurar desenvolver uma rede de relacionamento no AVA que, inclusive, extrapole a CAV e traga junto elementos de outros cursos e outras instituições com o mesmo grau de experiência que o seu.

A troca de informações aumenta sensivelmente a sensação de pertencer a algo maior. Veja o exemplo das comunidades sociais, tais como o *Orkut* e a sua extraordinária expansão, o que confirma essas afirmações.

O retorno nos processos de avaliação em cursos em áreas diferenciadas (bacharelados, licenciaturas e tecnológicos) confirma a validade dessa abordagem, quando ela consegue ser estabelecida.

Existe o risco de continuidade, pois seu equilíbrio é instável. Ou seja, uma má gestão de conflitos pode colocar a perder todo o contato estabelecido em uma comunidade que congrega pessoas provenientes de culturas diversificadas e com níveis cognitivos diferenciados. Quando é possível estabelecer contatos presenciais, as surpresas são agradáveis para todos os participantes e alguns relacionamentos se aprofundam para além da proposta de diálogo na área educacional, com a intenção de facilitar a atividade de ensino e aprendizagem.

Um dos principais meios para que o sentimento de empatia seja estabelecido está na dependência de um retorno quase imediato, o mais rápido possível, aos contatos efetuados entre os participantes da comunidade virtual de aprendizagem. Outro aspecto fundamental é não utilizar uma linguagem técnica por excelência, mas buscar no coloquial a forma de conversação entre você e os demais participantes.

Para finalizar essas considerações, é importante deixar claro que essa situação somente pode ser obtida com a sua participação ativa e a de todos os envolvidos. Deixa-se de lado a expectativa do paternalismo e assume-se a responsabilidade pelo sucesso na aquisição das competências e habilidades previstas para a conclusão do processo em questão. Essa responsabilidade deve ser mútua, compontilhada entre você e a instituição que oferece o curso, por meio de seus participantes, que são os especialistas ou regentes e os orientadores acadêmicos.

capítulo 5

A aprendizagem em grupo

A aprendizagem em grupo

"Desenvolver e melhorar habilidades individuais para o uso do conhecimento, aceitar responsabilidades pelo aprendizado individual e do grupo, e desenvolver a capacidade de refletir são algumas das vantagens que podem ser auferidas pelo trabalho em grupo. Algumas desvantagens do trabalho em grupo são o aumento do nível de ruído na comunicação e a resistência de alguns participantes em assumir um papel mais ativo".

(Cunha, 2002)

Um dos objetivos em EaD é manter ativo o interesse e a participação do aluno. Quando se trabalha em grupo, de forma geral, cada participante torna-se "responsável" pela aprendizagem de todo o grupo e, como consequência desse aumento de responsabilidade, o aluno torna-se mais participativo, fato que vamos apresentar nos estudos de uma conceituada instituição, que trata os aspectos psicológicos da aprendizagem em grupo.

5.1 Objetivo e importância

A aprendizagem em grupo foi destacada em diversas ocasiões até este ponto. A importância do tema justifica um detalhamento que demonstre a sua influência na aprendizagem desenvolvida no AVA. Por mais paradoxal que possa parecer, o estudo que foi utilizado como referencial analisa o trabalho em grupo sem levar em consideração o contexto ou fazer algum destaque ao AVA.

Este material adapta um estudo desenvolvido por um grupo de trabalho da *American Psychological Association* (2009), intitulado *Board of Educational Affairs*. Ele estabelece uma série de princípios psicológicos derivados de evidências observacionais em diversas pesquisas. A intenção é estabelecer uma estrutura para o projeto e mudança das instituições educacionais, com intenção de contornar os problemas por elas apresentados e colocar o foco na importância da formação de grupos. Essas conclusões são de interesse em nosso estudo, já que a aprendizagem baseada em problemas, abordagem que se considera a mais indicada para o AVA, é projetada principalmente para o trabalho em grupos, seja ele desenvolvido no AVA ou na educação formal tradicional e no uso conjunto de ambas as abordagens.

Esse grupo de trabalho não focaliza diretamente a utilização da tecnologia no campo educacional, mas analisa o comportamento das pessoas em grupos, para qualquer atividade. A riqueza de seus resultados induz o seu uso sob o enfoque da utilidade que apresentam quando aplicados nas atividades de ensino e aprendizagem. Os princípios estabelecidos dizem respeito, mais especificamente, ao processo de ensino e aprendizagem. São focalizados os fatores psicológicos, internos e sob controle do aprendiz, ao invés de condicionados a hábitos ou fatores fisiológicos.

Parte-se de uma abordagem behaviorista, que evolui para outras abordagens que enfatizam fatores extrínsecos. Esses princípios buscam fatores externos ou contextuais que interagem com os fatores internos. Eles buscam trabalhar de forma holística com os estudantes no contexto das situações de aprendizagem do mundo real. Nenhum desses princípios deve ser observado ou utilizado individualmente. Você deve observá-los como um conjunto organizado de princípios.

Esses princípios são utilizados no trabalho com estudantes adultos, em cursos de graduação ou pós-graduação universitária, para os quais esse material é mais especificamente dirigido. São 14 princípios divididos de forma a serem apontados fatores cognitivos, metacognitivos, motivacionais, afetivos, evolutivos, sociais e individuais que influenciam os estudantes e o processo de aprendizagem.

Eles estão interligados com o conteúdo deste capítulo, na medida direta em que resultam da observação, pesquisa e trabalho com diversos grupos. A partir daí é inferido um conjunto de recomendações pessoais que lhe será repassado como um guia para o trabalho em grupo. Os princípios incluem o AVA, a CAV e as salas de aula tradicionais enriquecidas com a tecnologia *blended learning*, com as novas abordagens do processo educacional. Eles podem ser utilizados por todos aqueles que pretendam estabelecer, em suas instituições de ensino, a aprendizagem baseada em problemas.

O mais importante, durante o desenvolvimento do projeto, é considerar os encontros presenciais (ou síncronos) não mais como espaço de sala de aula, mas como encontros nos quais os grupos e o orientador trocam ideias de forma integrada e são esclarecidas as dúvidas surgidas durante o desenvolvimento dos trabalhos individuais.

5.1.1 *Fatores cognitivos e metacognitivos*

São utilizados seis princípios, relacionados à natureza, objetivos da aprendizagem, pensamento, construção do conhecimento e contexto da aprendizagem. Você deve comparar a sua ação e prática pessoal ou profissional desenvolvida nos trabalhos em grupo com essas orientações. Os desvios devem ser analisados e alterados para que se possa ter sucesso no AVA e na CAV.

~ A NATUREZA DO PROCESSO DE APRENDIZAGEM – a aprendizagem de assuntos complexos é muito mais efetiva quando o processo tem ou passa a ter a intenção de construir significados, informação e experiência. A estratégia para solução do problema proposto, de uma forma geral, leva em consideração o interesse específico do grupo e é apresentada ao orientador apenas para eventuais complementações ou correções de rota. A divisão de trabalhos no grupo quase sempre está relacionada às atividades pessoais de cada participante ou que apresentem significado em suas vidas profissionais. Essa colocação justifica o que dissemos: que você deve sempre utilizar a sua experiência pessoal quando desenvolver trabalhos em grupo.

~ OBJETIVOS DO PROCESSO DE APRENDIZAGEM – você pode, com o decorrer do tempo e com orientação e apoio instrucional, criar representações significantes e coerentes, além de transformar informações em conhecimento. Quando são adotadas estratégias que atendam aos seus interesses pessoais, seu envolvimento e motivação aumentam. Lembre-se do quadro de fatores de motivação que você teve a oportunidade de ver no Capítulo 3.

~ A CONSTRUÇÃO DO CONHECIMENTO – seu interesse pode permitir unir novas informações ao conhecimento existente de modo significativo. Na solução de problemas, é comum que os participantes dos grupos tragam suas experiências ou seus planos de desenvolvimento profissional futuro para desenvolver as estratégias estabelecidas. Na gestão de conflitos, a negociação das estratégias é um dos pontos fundamentais para evitar que interesses pessoais superem o interesse do grupo.

~ PENSAMENTO ESTRATÉGICO: Você vai poder criar e utilizar um repertório de formas de pensar e argumentos simples para resolver situações complexas a partir de seu conhecimento anterior, baseado em sua experiência de vida. O problema proposto normalmente apresenta um grau de complexidade médio e envolve a aprendizagem dos eixos temáticos que abrangem o desenvolvimento do currículo desejado. Pode-se tornar o problema mais complexo, de acordo com a experiência dos participantes do grupo. Muitas vezes as ferramentas propostas para a solução do problema são ignoradas e os participantes utilizam aquelas com as quais têm maior familiaridade. A tendência é uma independência progressiva do grupo, com relação à ação da orientação acadêmica ou do docente orientador.

~ PENSAR SOBRE O PENSAR – você pode desenvolver estratégias de alta ordem para selecionar e monitorar operações mentais e facilitar a criatividade e pensamento crítico. No início é normal um intervalo em que a produção é menor; o desenvolvimento é mais rápido quando a criatividade é colocada em ação com incentivo dos responsáveis pelo acompanhamento da atividade. Os erros são comuns e não devem ser objetos de crítica, mas de redirecionamento. O método de tentativa e erro libera a criatividade, já que não há o medo como limitador. As estratégias podem ser alteradas durante o percurso ou quando uma situação nova se apresentar.

~ CONTEXTO DA APRENDIZAGEM – a aprendizagem é influenciada por fatores ambientais, que incluem a cultura, a tecnologia e as práticas instrucionais desenvolvidas. A imersão direta na tecnologia e no uso de suas ferramentas de comunicação facilita o trabalho, razão pela qual estas devem ser conhecidas pelos participantes. Você pode observar a importância da formação individual para o uso da mediação tecnológica e a facilidade de trabalho no AVA. Pode haver a exigência de um programa de nivelamento, caso você se considere sem condições de atuar em termo de igualdade com os demais participantes. A estrutura é dinâmica e ativa e não comporta paradas por desconhecimento ou falta de preparo.

5.1.2 *Fatores afetivos e motivacionais*

Existem três princípios relacionados com as influências motivacionais, interesses intrínsecos e desenvolvimento de esforços pessoais.

~ INFLUÊNCIAS MOTIVACIONAIS E EMOCIONAIS NA APRENDIZAGEM – a atividade de aprendizagem é influenciada pela sua motivação. Desde o início, foi destacada a importância desse fato. Ela é variável e suscentível a influências do estado emocional, das crenças e interesses individuais, sendo direcionada pelos seus objetivos e hábitos de pensamento. É fundamental o relacionamento do orientador com os alunos. O atendimento personalizado é a maneira mais eficiente de alcançar o grau de motivação desejado. Por isso, é importante que você procure seus colegas de classe, professores e orientadores acadêmicos com frequência regular.

~ MOTIVAÇÕES INTRÍNSECAS PARA A APRENDIZAGEM – a sua criatividade, a capacidade de ter pensamentos de alta ordem e a curiosidade natural são fatores que contribuem com a motivação para a aprendizagem. A motivação intrínseca é estimulada pelo fator novidade e grau de dificuldade. Os interesses pessoais na aprendizagem representam outro fator relevante. É importante que se destaque e se considere que todos têm as condições necessárias para aprender em grupo e são capazes de resolver o problema proposto. O incentivo ao aprender pela pesquisa deve ser destacado em todos os momentos. A intervenção do instrutor deve ocorrer apenas quando solicitada, e ele deve apontar soluções alternativas ou esclarecer como poderiam ser utilizadas as facilidades dos recursos escolhidos para o desenvolvimento da solução individual de cada equipe.

~ OS EFEITOS DA MOTIVAÇÃO NOS ESFORÇOS PARA A APRENDIZAGEM – a aquisição de conhecimento e habilidades complexas exige um esforço prolongado de sua parte e uma prática orientada. Sem a motivação devida, esses esforços não são desenvolvidos, o que prejudica a aquisição do conhecimento, que então somente ocorre por meio de fatores coercitivos, que levam à atividade da prática e treinamento, sem significância. Deve-se procurar sempre superar a forma arcaica de uso do espaço da sala de aula e envolver todos em atividades complementares. As pesquisas em bibliotecas e na rede mundial de comunicações devem ser desenvolvidas de forma complementar, fora dos horários reservados para aula.

5.1.3 *Fatores de desenvolvimento e sociais*

Existe um outro fator referente ao desenvolvimento e quatro referentes a questões sociais, inter-relacionados à idade e influências interpessoais, que serão analisados de forma isolada.

~ INFLUÊNCIAS DE DESENVOLVIMENTO NA APRENDIZAGEM – assim como no desenvolvimento individual, existem diferentes oportunidades e restrições na atividade de aprendizagem. A aprendizagem é mais efetiva quando um desenvolvimento diferencial ocorre no interior e por meio dos seus domínios físico, intelectual, emocional e social. Lembre-se: você deve descobrir como é seu comportamento de aprendizagem, como vimos no capítulo 3.

~ A EXISTÊNCIA DE GRUPOS É FUNDAMENTAL – pode-se observar que a relutância e o medo inicialmente apresentados por alguns participantes individuais dos grupos são superados pela ação conjunta. Alternar ou evitar a liderança no grupo é importante; ela deve ser buscada de forma mandatória. Em muitos casos, devido ao grande número de alunos matriculados, os especialistas e orientadores acadêmicos mantêm contato com os líderes de grupo, que repassam aos demais as decisões e orientações dos encontros presenciais ou desenvolvidos no AVA.

~ INFLUÊNCIAS SOCIAIS NA APRENDIZAGEM – a sua aprendizagem é influenciada pelas interações sociais, relacionamentos interpessoais e comunicação com outros participantes. Nesse ponto, a homogeneidade dos participantes das equipes é um elemento facilitador. Ela tende a aumentar o grau de diálogo no interior dos grupos. Esse cuidado deve ser tomado desde a formação do grupo. Se você perceber que está deslocado, deve solicitar transferência de grupo. Caso contrário, ficará sob pena de diminuir seu grau de participação na continuidade do processo. Qualquer participante do grupo pode identificar esse problema e buscar a sua solução.

~ DIFERENÇAS INDIVIDUAIS NA APRENDIZAGEM – cada um apresenta diferentes estratégias, abordagens e habilidades na atividade de aprendizagem, em função de sua experiência anterior e fatores hereditários. Você tem as suas próprias, decorrentes de sua vida e experiência profissional. As dificuldades, principalmente de comunicação, ocorrem no interior do grupo e somente são superadas por meio de conversas individuais entre o instrutor e cada participante. Sem esse acompanhamento constante, alguns dos participantes se escondem atrás da facilidade de comunicação de outros que possuem maiores tendências de liderança e facilidade de comunicação. Esse fato deve ser evitado de forma enérgica, pois ele pode quebrar a harmonia do grupo e prejudicar a sinergia esperada

- ~ APRENDIZAGEM E DIVERSIDADE CULTURAL – a aprendizagem é mais efetiva quando as diferenças de linguagem e os aspectos sociais e econômicos são levados em consideração nas iniciativas colaborativas. É necessário um cuidado adicional para evitar problemas de exclusão. Mas é inegável que grupos com homogeneidade na formação e nos aspectos culturais apresentam menores dificuldades de relacionamento. Cabe a você e a cada participante identificar esse problema e buscar a solução. Atividades de nivelamento podem evitar a recomposição de grupos.
- ~ PADRONIZAÇÃO E AVALIAÇÃO – o estabelecimento de padrões apropriadamente elevados e situações de assistência permanente, inclusive os diagnósticos e a avaliação, é parte integral do processo de aprendizagem. Ele é um aspecto motivador. A sua atuação individual e a participação ativa do orientador são de fundamental importância para obter melhores resultados e superar as expectativas. Se cada participante no grupo atuar nesse sentido, as possibilidades de sucesso serão maiores. O importante é destacar que cada um é responsável pelo sucesso de todos. A orientação é assumir essa responsabilidade de forma ativa e fazer com que o grupo seja orientado pela criatividade gerada a partir da sinergia da atuação em conjunto.

Seguindo essa linha de pensamento, nas equipes com as quais você vai trabalhar, procure tornar a aprendizagem mais produtiva ao aplicar as conclusões apresentadas pelo grupo de estudo referenciado.

No ambiente virtual, a formação de grupos de trabalho é uma constante. Não somente grupos internos, mas também outros que são formados para o tratamento de temas específicos, sem esquecer a participação nas redes sociais e a colaboração na rede de relacionamentos que deve-se estabelecer no virtual.

capítulo 6

A solução de problemas

A solução de problemas

"Pode-se dizer que o valor do ser humano está na sua criatividade e na habilidade para solucionar problemas. Essa habilidade de solucionar problemas e solucioná-los cooperativamente é a chave para a sobrevivência de uma organização a longo prazo. Mais importante ainda, a solução de problemas promove humanidade pelo aumento da motivação e habilidade dos membros da organização".

(Hosotani, 1992, tradução nossa)

O TRATAMENTO CONDUTISTA, APOIADO EM SOLUÇÕES PRONTAS, tem provocado no aluno uma perda do senso crítico e da criatividade, fato que indica a necessidade de adoção de linhas alternativas de abordagem de ensino e aprendizagem.

Um dos meios mais eficazes em EaD é o uso da Aprendizagem Baseada em Problemas (ABP), apropriada para o trabalho em pequenos grupos sobre problemas abertos, com uma estratégia de solução contextualizada e uma busca extensiva de informações e sua relação, o que tende a exercitar o senso crítico e, a partir delas, a criação de novos conhecimentos, que tendem a exercitar a criatividade.

Por esta razão, é interessante que você tenha um conhecimento básico dessa abordagem, pouco utilizada no ambiente tradicional, que tende a formar o espírito pesquisador e o exercício da busca de novas formas de criar conhecimento, tão importantes para o aluno voltado para a aprendizagem independente como para aquele que escolhe estudar em AVA.

6.1 Aprendendo a solucionar problemas

No mercado contemporâneo, a solução de problemas é considerada uma das habilidades mais importantes para o profissional da sociedade da informação, chamado por Drucker (1998) de *profissional do conhecimento*.

No capítulo anterior, foi tratada de forma extensiva a questão da resolução de problemas. Ela representa uma abordagem do processo de ensino e aprendizagem utilizada com sucesso em todas as iniciativas. O sucesso obtido em muitas iniciativas recomenda que você conheça um pouco mais sobre a forma de resolver problemas e incorpore essa habilidade ao seu perfil profissional, pois ela é muito exigida na atualidade.

Para desenvolver este capítulo, parte-se do pressuposto de que, como um dos requisitos para aprovação em alguma disciplina, você precisou resolver um problema junto com uma equipe de trabalho.

Quando um problema é detectado, o primeiro passo que você deve tomar é determinar a estratégia para a sua solução. Existem diversos modelos e soluções provenientes da tecnologia da informação. É dela e de um de seus especialistas, Fagundes (2007), que é retirado o embasamento necessário para poder situar a solução de problemas e seu uso em processos educativos.

Fagundes (2007) sugere que você utilize as seguintes fases para a solução de problemas, quando houver um líder e a equipe for disciplinada:

1. IDENTIFIQUE O PROBLEMA – *procure descrever o problemacom o maior detalhamento possível. Isso evita que o mesmo problema tenha diferentes interpretações.*
2. REÚNA INFORMAÇÕES – *pesquise se o problema relatado é pontual ou mais elementos da infraestrutura estão sendo afetados. Relacione os elementos que possam estar envolvidos no problema e investigue se houve alguma mudança de comportamento após a ocorrência do problema relatado.*
3. ANALISE O PROBLEMA – *com os dados coletados, analise as possíveis causas e efeitos do problema.*
4. DESENVOLVA IDEIAS E OPÇÕES – *utilizando técnicas estruturadas, desenvolva alternativas para a solução,*

relacionando cada opção com uma provável causa do problema.

5. TOME UMA DECISÃO APOIADA EM DADOS – *a partir da análise dos dados e do desenvolvimento de alternativas com técnicas estruturadas, decida o que fazer. Lembre-se de compartilhar a sua decisão, uma vez que ela pode afetar outros elementos da infraestrutura.*
6. PLANEJE A AÇÃO – *desenvolva um plano de ação passo a passo para a solução do problema.*
7. EXECUTE O PLANO – *execute o plano como foi planejado. Evite, no meio do processo, pular ou acrescentar passos ao plano, pois isso algumas vezes acaba em desastre.*

Após a execução do plano de correção, verifique se o problema foi solucionado e se não houve efeitos colaterais na infraestrutura.

É o que acontece na vida real, em que a estratégia adotada é uma das muitas soluções possíveis para resolver o problema. É funcional apenas no contexto no qual foi analisada e do qual provém os dados que a direcionam.

6.2 A Aprendizagem Baseada em Problemas (ABP)

Antes de começar a atuar na solução de problemas, de acordo com as indicações do referencial teórico de sustentação, é interessante você conhecer um pouco mais sobre essa abordagem. A Aprendizagem Baseada em Problemas foi introduzida na América do Norte há aproximadamente 30 anos e ganhou sua popularidade, como um novo método de aprendizagem, por meio de sua utilização em escolas médicas. Inicialmente, foi utilizada como um processo tutorial e criada como uma nova abordagem do método de aprendizagem centrada no aluno. Deste ponto em diante do nosso estudo, iremos tratá-la pelo acrônimo pela qual é mais conhecida: ABP.

Esse protótipo inicial, devido ao sucesso registrado, tornou-se um modelo seguido por outras instituições. Após um longo caminho, percebe-se que as vantagens das novas redes de informação e comunicação, através de correio eletrônico, jornais totalmente dedicados ao assunto, conferências e livros, facilitam uma larga difusão dessa abordagem no desenvolvimento dos currículos em diversas instituições educacionais.

A partir daí, ela abrange outras áreas do conhecimento humano, que não aquelas dedicadas exclusivamente às ciências da saúde. Atualmente, essa abordagem é também utilizada em programas equivalentes aos de formação secundária e pós-média em nosso país, e apresenta resultados satisfatórios na obtenção de uma educação de qualidade.

O desenvolvimento e os resultados positivos levaram muitos pesquisadores a trabalhar com a aprendizagem colaborativa e com novas teorias da aprendizagem, e a desenvolver reflexões sobre experiências curriculares em diferentes disciplinas e profissões. Desenvolveu-se, desse modo, uma estrutura estabelecida em rede e multiplicaram-se as experiências para uma utilização mais segura.

Agora você já tem uma visão geral sobre a ABP, de acordo com uma perspectiva histórica. Seu interesse agora deve ser buscar os referenciais de sustentação teórica que a tornaram uma abordagem de sucesso no processo de ensino e aprendizagem.

A proposta é apresentar a ABP como uma nova abordagem educacional. Uma nova forma de aprender, que utiliza a aprendizagem colaborativa no ensino a distância, com o uso do AVA e das possibilidades da CAV criadas em seu entorno social.

Quando se pergunta a diversos educadores qual o objetivo essencial da educação, a resposta convergente identifica a necessidade da formação de estudantes e futuros profissionais que sejam eficazes solucionadores de problemas. A esse fato soma-se o desafio imposto diariamente aos profissionais no mercado contemporâneo: enfrentar o novo em suas atividades e, a partir dos problemas surgidos, criar soluções que representem novos conhecimentos que podem ser reutilizados em situações similares.

A questão da aprendizagem no contexto de uma sociedade aprendente, em que a adaptação à mudança é abrupta e a emergência de novas tecnologias é altamente acelerada e imprevisível, justifica a preocupação com a qualificação de recursos humanos, por meio de novas formas de ensino e aprendizagem. A ABP surge como mais uma possibilidade de engajar todos na atividade de aprender a aprender, na construção de seu próprio conhecimento, para formar profissionais críticos e reflexivos no desenvolvimento de suas atividades.

Temos em nosso país poucas pesquisas sobre essa abordagem educacional, o que leva a consultar resultados de pesquisas publicados em jornais e endereços da internet, de instituições educacionais que usam esse tipo de abordagem no desenvolvimento dos currículos. O resultado dessas pesquisas pode ser obtido no *site* da *Illinois Mathematics and Science Academy (IMSA)**, da Universidade de Samford e de outras instituições relacionadas ao assunto. Ele aponta para a necessidade de formar o aluno para o desenvolvimento do pensamento crítico e de habilidades para a solução de problemas. O resultado aponta, também, de forma consensual, a habilidade na solução de problemas como um dos objetivos da educação contemporânea. Essas pesquisas indicam que o pensamento crítico e as habilidades para a solução de problemas não são assuntos desenvolvidos na educação formal, em que predomina a perspectiva reprodutivista dos professores e o papel de receptor passivo assumido pelos alunos.

As universidades canadenses apontam que, nas salas de aula típicas, 85% das questões colocadas pelos professores situam-se em um nível de compreensão simples. Os questionamentos que exigem capacidade de síntese e habilidades de avaliação raramente são colocados para serem solucionados pelo aluno. As questões que são solicitadas normalmente exigem apenas a necessidade de memorização dos conteúdos e não um pensamento de alta ordem, nem representam problemas complexos, com os quais os profissionais convivem diariamente.

A ABP procura tratar problemas aproximados daqueles que o profissional vai vivenciar na vida real. Não são estudos

---

*Para visualizar esses resultados da IMSA, acesse o *site*:
<http://pbln.imsa.edu/>.

de casos, mas problemas que podem ocorrer de forma eventual e frequente. O profissional vai contar com um baixo volume de informações, pois em sua maioria eles representam novas situações. Ainda assim, deve-se determinar qual a melhor solução possível para o assunto. A busca da solução ocorre em um determinado contexto e é influenciada por fatores internos e externos temporais. Se variam as condições, o resultado poderá ser diverso, o que leva a estabelecer um determinado contexto para o qual a solução, que não é unica, pode ser aplicada. Duas equipes podem chegar a uma solução diferente, e ambas poderão resolver o problema.

6.2.1 Funcionamento da ABP

A ABP é um desenvolvimento dos currículos e sistemas de aplicação que reconhece a necessidade de que você desenvolva as habilidades para a solução de problemas, assim como a necessidade de auxiliá-lo a adquirir as habilidades e conhecimentos necessários para desenvolver essa tarefa. Ela utiliza problemas do mundo real, não casos hipotéticos de estudo que apresentam resultados claros e convergentes. É no processo de resolução dos problemas apresentados e na sua complexidade que você aprende os conteúdos e desenvolve as habilidades de pensamento crítico. Essa abordagem educacional apresenta características distintas que podem ser identificadas e utilizadas pelos professores que desenvolvem os currículos a serem estudados. São elas:

~ Os problemas são utilizados para desenvolvimento do currículo. Eles não testam as suas habilidades, mas são utilizados para o desenvolvimento das mesmas.

- Os problemas são mal estruturados, isto é, não apresentam uma solução limpa, convergente, baseada em uma formulação simples. Importa mais o processo de montagem da solução do que a solução em si.
- Você resolve os problemas e tem os professores como auxiliares, colaboradores ou facilitadores.
- Você recebe apenas as orientações gerais sobre como abordar o problema proposto. Não existem formulações a serem utilizadas.
- A avaliação é autenticamente baseada no desempenho do grupo e depende de sua participação, como você pôde analisar no capítulo anterior, que abordou a aprendizagem em grupos.

Dessa forma, o seu uso o assiste na solução de problemas da vida real, contextualizados no campo profissional no qual você vai atuar, e que são desenvolvidos, muitas vezes, por especialistas na área. Pretende-se que você seja:

- apto a definir claramente o problema;
- apto a tornar-se um desenvolvedor de hipóteses alternativas;
- capaz de acessar, avaliar e utilizar dados a partir de uma variedade de fontes;
- capaz de alterar as hipóteses, sempre que forem dadas ou consideradas novas informações que podem afetar a solução do problema;
- capaz de apresentar soluções claras, que demonstram o ajuste do problema e das condições, baseados em argumentos e informações inteligíveis.

Se você adquirir essas habilidades, estará bem preparado para ocupações que não necessitam ou apresentam supervisores, com tempo para atividades de capacitação. Estará também preparado para enfrentar a explosão de conhecimentos que satura o mundo atual.

6.2.2 Estágios desenvolvidos na ABP

Em um currículo baseado na solução de problemas, você vai desenvolver três fases distintas de operação, enquanto coleta as informações ou conhecimentos de que precisa, a partir de uma grande variedade de fontes: internet, material impresso e conversas com seus orientadores ou com especialistas da área. Os estágios relacionados a seguir são característicos de iniciativas que utilizam a solução de problemas.

a) **Primeiro estágio – encontrar e definir problemas.**

Você é confrontado com um problema da vida real e é incentivado a responder algumas questões básicas, como:

- ~ O que você já sabe sobre o problema ou a pergunta colocada?
- ~ O que você precisa saber para resolver efetivamente este problema?
- ~ Quais recursos você pode acessar para determinar a proposição de uma hipótese ou solução?

Nesse ponto, é necessário que você tenha o problema claramente definido, ainda que essa definição possa ser alterada com a inclusão de novas informações.

b) **Segundo estágio – ter acesso, avaliar e utilizar a informação.**

Somente após definir claramente o problema você pode acessar informações impressas, eletrônicas ou obtidas dos especialistas nas diversas áreas interdisciplinares que envolvem a solução do problema.

A internet representa um local onde pode ser obtido um grande volume de informação (veja o capítulo 10), nas pesquisas desenvolvidas com o uso de mecanismos de busca sofisticados.

No caso de problemas simples, você pode encontrar uma diversidade de perspectivas sob as quais o problema pode ser abordado e os recursos que o preparam para a terceira fase na resolução do problema. Uma parte importante na solução de um problema é o levantamento dos recursos, que deve satisfazer os seguintes questionamentos:

~ Eles são atualizados?
~ Eles são exatos ou corretos?
~ Existe alguma razão para suspeitar da credibilidade da fonte da qual foram obtidos?

Ao utilizar essas informações, você deve avaliar cuidadosamente o valor e a credibilidade das fontes das quais foram obtidos os recursos.

c) **Terceiro estágio – síntese e desempenho.**

Nesse estágio, você constrói uma solução para o problema. Para isso, pode utilizar programas de multimídia para montar apresentações ou, de forma mais tradicional, escrever um artigo que focalize a questão principal do problema apresentado. Você deve reorganizar as informações obtidas sob novos aspectos. Essa atividade se processa como se respondesse aos questionamentos que poderão ser desenvolvidos e, então, reorganizasse a informação sob diversas perspectivas por meio das quais o problema pode ser analisado.

6.2.3 Mudanças de paradigma

Você provavelmente está acostumado à educação formal tradicional e a desenvolver trabalhos com professores detentores do conhecimento, em uma perspectiva reprodutivista. Dessa forma, tende a levar um choque ao trabalhar com a solução de problemas. Observa-se um clima de suspeita quanto ao trabalho. A primeira mudança cultural manifestada sugere a aprendizagem colaborativa, que faz com que você aprenda que é parte de um grupo, da mesma forma que acontece nas organizações da vida real, em que você faz parte de um organograma estabelecido na empresa e tem funções específicas a resolver.

Dentro de um grupo que trabalha na solução de problemas, você não deve ser levado a conduzir todas as pesquisas e desenvolver a apresentação total da solução do problema. O compartilhamento de atividades e a atuação de todos nas atividades é importante.

Os professores são levados a uma alteração em sua prática docente e no relacionamento de poder com o aluno. Eles assumem o papel de orientador e aprendem junto com você e com as soluções propostas, sob perspectivas diversas daquelas que ele próprio trabalhou no desenvolvimento da solução para o problema apresentado.

Os professores se preocupam com o projeto do problema e em assegurar que todas as informações sobre o assunto, em material impresso e recursos humanos, estarão disponíveis aos alunos. Eles devem aprender a construir problemas e assistir os estudantes a aprender as ferramentas e habilidades necessárias para a solução dos mesmos. A regra é a facilitação e não o direcionamento da atividade de aprendizagem do estudante.

Você vai observar que a mudança da aprendizagem centrada no professor para a aprendizagem centrada nas suas necessidades, com o uso da abordagem da ABP, causa um desconforto inicial. Ele é relatado por muitas pessoas que participaram de iniciativas de ABP, nas diversas pesquisas efetuadas sobre o tema.

Esses relatos revelam uma nova energia e entusiasmo, bem diferentes do desencanto que permeia a educação tradicional. A colocação de problemas lança novos desafios na elaboração do planejamento curricular de cada eixo temático desenvolvido pelos professores.

Organização
dos estudos

capítulo 7

Organização dos estudos

*"Na rede flutuam instrumentos privilegiados
de inteligência coletiva, capazes de gradual
e processualmente fomentar uma ética por
interações, assentada em princípios de diálogo,
de cooperação, de negociação e participação".*

(Moraes, 2001)

No mercado corporativo existem as "boas práticas", aquelas que conduzem aos melhores resultados. Entre elas, o planejamento e a organização do trabalho a ser desenvolvido estão postos como algumas das formas mais eficazes de atingir os objetivos. Você já percebeu que a ausência da tutela docente e a necessidade de estudo independente colocam desafios, que podem tornar mais fácil atingir os objetivos de sua atividade de ensino e aprendizagem.

7.1 Itens a considerar

A observação do comportamento de trabalho dos alunos no AVA em iniciativas estabelecidas em instituições de ensino diversas e na compreensão da colocação de autores considerados argumentos de autoridade, tais como Moran, Bherens e Masetto (2006), que propõem mudanças amplas nos papéis desenvolvidos pelos atores do processo de ensino e aprendizagem, e de Pallof e Prat (2002), que destacam a importância da orientação diferenciada ao aluno, permite apresentar uma lista de providências que podem organizar o seu trabalho:

- ~ Estabeleça a forma de atingir os objetivos.
- ~ Escolha a forma de desenvolver as atividades de aprendizagem.
- ~ Obtenha recursos de aprendizagem.
- ~ Identifique o progresso da aprendizagem.
- ~ Elimine as dificuldades de estudo.
- ~ Escolha quando e onde estudar.

- Mantenha a motivação.
- Planeje o seu tempo.
- Aprenda como estudar *on-line*.

Veremos cada uma dessas providências nos itens a seguir.

7.1.1 *Estabeleça a forma de atingir objetivos*

Os projetistas instrucionais e os professores especialistas que projetam cada unidade didática do curso estabelecem os objetivos que você deve atingir durante o estudo do material projetado em cada unidade didática.

A primeira atividade que você deve desenvolver é localizar esses objetivos e compreender de forma clara e inequívoca o que se pretende com esta unidade didática. Se esses objetivos não estiverem colocados de modo explícito, você deve desenvolver uma leitura superficial sobre o texto. É possível que esses objetivos estejam colocados durante o desenvolvimento do conteúdo. Se ainda assim não encontrá-los, procure entrar em contato, na estrutura, com as pessoas que podem lhe esclarecer sobre esse ponto.

A partir dos objetivos colocados pelos responsáveis pela disciplina, você vai estabelecer sua forma particular de atingi-los.

Uma das formas de desenvolver essa atividade é utilizar um elemento que vai lhe ser um valioso auxiliar, conhecido como *diário de bordo*. A partir desse elemento você pode, na sua abertura, registrar a forma de atingir os objetivos propostos. Esse é um elemento pessoal. Você pode escrever de forma livre e alterar os conteúdos durante a evolução dos estudos. Ele facilita a ordenação dos trabalhos e os torna mais organizados.

É um importante elemento, que permite manter o foco na aprendizagem, ao permitir o registro de suas observações antes e após o desenvolvimento de cada atividade proposta. Na releitura, é possível autoavaliar o seu desenvolvimento.

7.1.2 Escolha a forma de desenvolver as atividades de aprendizagem

Um curso bem projetado inclui muitas atividades de aprendizagem desenvolvidas por meio de leituras complementares, reflexão sobre determinados pontos polêmicos discutidos durante o texto, testes de autoavaliação desenvolvidos ao final de cada etapa, revisão, tarefas de pesquisa, anotações sobre o apoio da orientação acadêmica e atividades complementares. Estes elementos tornam o curso mais interessante e atraente.

O propósito principal é ajudar a acompanhar o desenvolvimento do estudante e avaliar o progresso obtido. Você nunca deve deixar de executar os trabalhos propostos e utilizá-los adaptando-os ao seu estilo de aprendizagem.

De modo individual ou em conjunto com o grupo montado para desenvolver a unidade, você deve escolher as formas como essas atividades vão ser desenvolvidas.

Nas atividades em grupo deve ser feita uma divisão dos trabalhos e uma troca constante de informações entre os participantes.

Quando se utiliza a abordagem da aprendizagem baseada em problemas, a escolha da estratégia e do desenvolvimento da solução, que podem ser diversificados, naturalmente orienta cada um a buscar as melhores formas de desenvolver as atividades que estão sob sua responsabilidade.

O mesmo trabalho deve ser feito com as atividades solicitadas pelo professor. Geralmente, elas fazem parte de um processo de avaliação combinado, que também leva em consideração a sua participação. A forma de desenvolver as atividades em cada etapa deve estar registrada no diário de bordo, que pode ser consultado a qualquer momento, para verificar o acerto ou a necessidade de correção das decisões tomadas.

7.1.3 Obtenha recursos de aprendizagem

Algumas instituições de ensino tentam providenciar todo o material de que você necessita para completar com sucesso o curso pretendido. Outras indicam e esperam que você adquira os materiais indicados no mercado local. Eles podem referir-se a livros texto, revistas ou endereços disponíveis na rede mundial de comunicação.

É importante ter em mente que os seus estudos podem tornar-se mais eficientes se você mesmo localizar recursos para completá-los, de modo que possa atingir ou superar os objetivos propostos em cada unidade didática.

Uma das primeiras referências é a própria CAV. Sempre que necessitar de algum recurso que considera essencial para desenvolver suas atividades, é importante consultar seus participantes ou os participantes de outra CAV. Eles podem indicar recursos que já utilizaram em atividades similares.

Outra forma independente é desenvolver pesquisas digitais. Criar uma rede de relacionamento virtual, acessar comunidades de outras universidades e bibliotecas virtuais tornam-se atividades comuns e importantes. Inclusive para a sequência da vida pessoal e profissional do aluno, após o termino do processo. Existem diversas ferramentas e locais nos quais se podem obter recursos para seus estudos.

7.1.4 Identifique o progresso da aprendizagem

Ao projetar os cursos, os professores especialistas desenvolvem julgamentos sobre os conhecimentos e competências que você deve ter, mas neste momento eles não têm um conhecimento sobre as suas habilidades.

Quando você encontra dificuldades na forma de desenvolver algum processo ou atividade, é preciso adequar ao seu nível cognitivo as atividades e a avaliação. Você deve descobrir esses julgamentos iniciais por meio da leitura cuidadosa das guias, planos de curso, material didático e exigências efetuadas para o ingresso no curso.

Desta forma, você pode identificar se os cursos atendem a seus objetivos e se você tem a habilidade exigida e, caso contrário, encontrar maneiras de poder desenvolvê-la. Isso facilita a identificação, de forma autocrítica, de como está a evolução do seu conhecimento com relação às competências desejadas e ao atendimento dos objetivos de cada unidade didática.

Se os conhecimentos e habilidades desejados não forem preenchidos, você deve atuar no sentido de obtê-los antes de continuar os estudos, mesmo que para isso tenha que solicitar um adiamento aos professores especialistas ou aos orientadores acadêmicos.

Você poderá realizar consultas a outros estudantes, solicitar a indicação de materiais complementares aos orientadores acadêmicos ou participar de cursos ou disciplinas de outros cursos. Somente depois de cumprida esta etapa você poderá continuar com os estudos da unidade didática para a qual não estava devidamente preparado. Nesse momento, o seu diário de bordo pode atuar como um auxiliar inestimável. Se você o utilizou de forma correta, nele estarão anotadas todas as dificuldades e registrado o progresso obtido. Lembre do seu "diário de bordo", ao qual nos referimos anteriormente, como ferramenta auxiliar.

7.1.5 *Elimine as dificuldades de estudo*

Um curso bem planejado sempre busca lhe auxiliar a resolver eventuais dificuldades que podem surgir durante o transcorrer das atividades propostas. Elas são diversificadas e utilizam múltiplas mídias para atingir estilos individuais de aprendizagem, discutidos no Capítulo 3.

Para isso, deve-se proporcionar uma grande profusão de dados sobre outros dados (metadados), postos com a intenção de não deixar nenhuma dúvida sobre o que você deve fazer. Os guias didáticos, planos de curso, e orientações acadêmicas são desenvolvidos no sentido de se evitar esse tipo de problemas. Ainda assim, eles podem surgir. Nesse caso, você deve reiniciar o estudo do tema, e, se ainda assim continuar com dificuldades, deve consultar os outros estudantes que estão com o mesmo problema. Caso a dificuldade persista, deve acionar a estrutura de orientação acadêmica e, em último lugar, os professores especialistas.

Essa sequência de passos deve auxiliá-lo a resolver as dificuldades que surgirem durante o desenvolvimento de cada unidade didática.

Lembre-se sempre de que estudar no AVA não significa estudar sozinho. Você tem uma série de recursos que deve utilizar e pessoas a quem pode consultar. A própria comunidade de alunos no mesmo processo e outras comunidades criadas interna ou externamente atuam como recurso complementar.

Pode-se observar que a orientação colaborativa facilita esse tipo de recurso adicional de apoio quando ocorre alguma dificuldade de estudo. Repete-se que todas essas dificuldades e como elas foram contornadas devem estar registradas em seu diário de bordo. Ele é um companheiro e um importante ponto de apoio.

7.1.6 *Escolha quando e onde estudar*

Na educação tradicional, o seu estudo e as decisões sobre quando e onde estudará geralmente estão previamente orientados de forma condutista pelo professor. Ele estabelece as datas, formas e horários, que nem sempre são os mais adequados. É uma atitude que deve ser evitada no AVA, onde esses procedimentos podem ter os mesmos resultados insuficientes.

No AVA, se implantadas as diretrizes apresentadas, você pode fazer essa escolha de acordo com suas preferências pessoais ou de acordo com a sua disponibilidade de horário. Deve, entretanto, buscar sempre lugares onde não seja submetido a distrações constantes. Aqueles que conseguem organizar o seu trabalho têm maiores chances de atingir os objetivos de cada unidade didática e obtêm com sucesso a conclusão de seus estudos.

Grohs e Silva (2007), orientadoras de alunos adultos, desenvolvem um trabalho que foi adaptado para este material e no qual consideram que o aprender sozinho exige organização e perseverança. Veja seguir as sugestões colocadas pelas autoras para preparar-se para o estudo e ter a cabeça livre para enfrentar livros e testes estudando sozinho:

~ Identificar os pontos fortes e as dificuldades.
~ Preparar o ambiente de estudo – você pode utilizar o quarto, a sala, a cozinha, enfim, o lugar que você mais se sentir à vontade –, não esquecendo de primar por uma boa luminosidade e um ambiente bem arejado.
~ Ao interromper o estudo, é bom deixar um sinal específico para retomar a aprendizagem exatamente de onde parou, sem perda de esforço ou de tempo.
~ Escolher cadeiras confortáveis que não causem dores na coluna, nos braços e nas pernas, após longas horas de estudo. Ficar deitado ou recostado na cama pode causar problemas posturais.
~ Acostumar-se a estudar no mesmo local e no mesmo horário.
~ Realizar os estudos com duas intenções: aprender (primeiro objetivo) e recordar (como consequência natural de ter incorporado o conhecimento a sua prática).
~ Iniciar os estudos depois de pelo menos dez minutos de relaxamento. Nesse período, você deverá se concentrar em pensamentos e sentimentos equilibradores e tranquilizantes. Pensar sempre positivo. Não brigar com a situação.

- Evitar movimentos e sons que tirem a concentração. Não é necessário se desligar totalmente do mundo – uma música, por exemplo, em volume mais baixo, é sempre uma boa companhia –, mas resista a atender telefonemas, fique longe de conversas e evite barulhos repetitivos.
- Para decorar algum conteúdo, procure ler a matéria em voz alta e com rapidez. Não se detenha em memorizar datas ou fórmulas.
- Elaborar seus próprios exemplos (ganchos), relacionando os conteúdos estudados. Pode ser até a associação de uma matéria com alguma música que você pode cantarolar em um passeio no parque.
- Aproveitar o deslocamento em um ônibus ou o banho para repassar o que foi estudado.
- Evitar fixar-se em algum conteúdo ou exercício difícil até chegar a uma resposta. Prefira seguir adiante, retomando esse tema complexo após ter passado por outros assuntos que possam ajudar a resolver o impasse.
- Identificar seus limites.
- Fazer esquemas, gráficos, mapas e resumos sempre que desejar dominar um conteúdo extenso.
- Procurar ler jornais e revistas, ouvir programas de rádio e assistir televisão. Se tiver internet, realize pesquisas que possam servir como entretenimento e instrumento de aprendizagem.

Fonte: Elaborado com base em Grohs; Silva, 2007.

Você precisa criar padrões de estudo regulares e dedicar a eles tempo suficiente. É importante também manter seus materiais, notas e arquivos bem organizados e facilmente localizáveis.

7.1.7 Mantenha a motivação

Na educação formal tradicional, os professores têm, muitas vezes, dificuldades para manter a motivação e utilizam diversos recursos para que ela seja constante durante todo o período de aula e no decorrer dos estudos desenvolvidos fora da escola.

No AVA, essa responsabilidade faz parte de suas obrigações e é requisito para que você não passe a fazer parte de uma elevada estatística de evasão que se observa em muitos cursos nele ofertados.

Assim, será preciso uma organização que lhe permita manter o interesse desperto durante toda a duração do curso.

Mantenha contatos constantes com seus orientadores acadêmicos e colegas de curso para suprir a ausência da socialização característica da educação formal tradicional. Execute todas as atividades de acordo com as diretrizes fornecidas pelos professores especialistas e pelos orientadores acadêmicos. Mantenha um horário de estudo regular e em local onde não seja distraído de suas atividades de aprendizagem. Estude os materiais e fixe tempos e objetivos complementares àqueles que você estudou nos guias e planos de cada unidade didática.

7.1.8 Planeje o seu tempo

Um dos principais pontos que você deve observar é o planejamento do tempo que irá dedicar aos seus estudos. Os seguintes aspectos podem ser considerados como recomendações básicas:

- ~ Se o curso tem tempos pré-fixados, busque adequar a sua rotina de modo a atender às datas-limite que lhe serão impostas. Caso a duração do curso não seja estabelecida previamente, você deve planejar em quanto tempo ele será concluído.
- ~ Verifique se sua aptidão e velocidade de aprendizagem suportam os tempos previstos ao início de cada módulo.
- ~ Desenvolva o monitoramento de seu progresso, que é medido por meio das atividades de autoavaliação.
- ~ Determine se a escala de tempo é adequada, pois cada um tem características particulares e diferentes formas de estudar.
- ~ Você pode determinar, por exemplo, quanto tempo leva para ler um determinado número de páginas e então planejar quanto tempo irá levar em cada módulo do curso. Assim, pode saber se consegue atender às datas-limite ou àquelas que você determinou para si próprio para encerrar as atividades do curso e submeter-se aos exames finais.
- ~ Não dedique todo o seu tempo livre aos estudos. Desenvolva atividades de relaxamento e de distração intercaladas com as atividades de aprendizagem.

~ De tempos em tempos mude a rotina dos estudos e adote novas formas de desenvolvimento. Retorne ao método anterior, caso ele tenha sido mais eficiente.

Seguindo essas recomendações, você poderá ter um melhor aproveitamento dos intervalos de tempo, algumas vezes desperdiçados, quando não há o correto planejamento.

7.1.9 *Aprenda como estudar on-line*

Você deve utilizar todas as ferramentas proporcionadas pela estrutura tecnológica da instituição que oferta os cursos. O AVA deve permitir que seja desenvolvida a comunicação multidirecional com os orientadores acadêmicos, professores especialistas e demais participantes.

Você pode solicitar a criação de salas de conversação mediadas ou não. As fitas das teleaulas podem ser solicitadas e utilizadas em atividades de reforço.

As atividades assíncronas podem ser providenciadas por e-mail ou fóruns criados de forma livre ou mediada. Essas facilidades foram desenvolvidas com a intenção de permitir, sempre que for necessário a comunicação com outros alunos, orientadores acadêmicos, professor especialista ou com a secretaria do campus virtual. Essa atividade de comunicação multidirecional é um dos sustentáculos da estrutura do AVA.

RESULTADOS ESPERADOS: repare que todas as recomendações são decorrentes da observação do comportamento e atitudes e solicitação de auxílio de outros alunos que, como você, em alguns momentos, quando orientados segundo uma ou mais sugestões anteriores, conseguem superar as dificuldades, o que nos leva a reforçar a máxima – estudar a distância não significa estudar sozinho.

Habilidades de leitura, interpretação e escrita

capítulo 8

Habilidades de leitura, interpretação e escrita

"*A importância do ato de aprender a ler e a escrever está fundamentada na ideia de que o homem se faz livre por meio do domínio da palavra. O uso da linguagem é tão importante que a linha do tempo divide a história em antes e depois da escrita. A partir de então, o homem pôde registrar sua cultura, as descobertas, as emoções, sua poesia, enfim, sua maneira de ver o mundo*".

(Abdala, 2007)

Um dos grandes problemas enfrentados no mercado corporativo atual é o analfabetismo funcional presente não somente no "chão de fábrica", ou seja, nos níveis inferiores da hierarquia, mas observado em todos os níveis, incluindo os mais elevados.

Esse é um motivo para que você dedique um tempo a desenvolver as suas habilidades de leitura, interpretação e escrita, o que lhe dará um diferencial competitivo significativo.

8.1 A importância de ler e escrever

Ler e escrever é um conjunto que traz em si próprio a comunicação. A comunicação é o processo mais importante no AVA e na CAV. Para desenvolver atividades nesses locais é necessário apresentar habilidades de leitura e escrita. Um dos aspectos mais desagradáveis observados, mesmo com o uso das ferramentas deixadas à disposição para comunicação, é a distorção do idioma, com a criação de um dialeto "internetês" que em nada colabora para que as habilidades de leitura e escrita sejam desenvolvidas. Ler, compreender e depois saber expressar a sua opinião ou pensamento sobre determinado assunto é fundamental.

Apesar das formas diversas de aprender que cada pessoa apresenta, como foi estudado no Capítulo 3, todas elas devem desenvolver as habilidades de leitura e escrita. Há certo consenso de que o trabalho nesses locais tende a auxiliar o desenvolvimento dessas habilidades. Mas isso depende de um direcionamento que não engesse as formas de comunicação e exija pelo menos o uso de uma linguagem e escrita de texto que sejam compreensíveis para os possíveis interlocutores, muitos dos quais não são conhecidos em seu nível cognitivo e nas mesmas habilidades de leitura e escrita.

Aprender a ler e a escrever supera a simples atividade de interpretação de símbolos, forma como o homem se comunicava nos primórdios da civilização. A escrita tem a função de registrar os fatos criados e vividos pelo homem.

O domínio da leitura e da escrita é fundamental. Ele é necessário para que o homem desenvolva seu processo de aprendizagem. Não compreender aquilo que é lido e não saber expressar-se pela escrita dificulta o processo de comunicação necessário para a ação conjunta de docentes e alunos.

No AVA você vai acessar um grande número de informações, que depois de processadas serão transformadas em conhecimento útil às suas necessidades. Além de ler, você deve compreender o conteúdo. Essa habilidade deve pesar ao avaliar a possibilidade de desenvolver cursos nesta modalidade.

Você deve mensurar a sua capacidade crítica para poder separar conteúdos de interesse, a partir de um grande volume de informações. Se você descobrir dificuldades de leitura e escrita, elas não devem desanimá-lo, o que deve ser feito é um programa de nivelamento. Algumas instituições colocam esses programas à disposição para permitir que você desenvolva suas atividades de modo confortável. Caso não se sinta seguro com apenas uma atividade de autoavaliação, você pode contar com a estrutura de colaboradores da mantenedora do curso e solicitar que seja avaliado com relação a esse aspecto, com testes de compreensão de texto e de escrita.

Você deve compreender que quando vai desenvolver alguma tarefa precisa ter as condições mínimas necessárias para evitar um desapontamento que pode invalidar suas tentativas de progresso profissional. Essa é a principal razão desse alerta estar colocado como recomendação para se desenvolver programas de formação educacional no AVA e realizar seus trabalhos na CAV.

Esse cuidado demonstra sua razão de ser quando são consultadas as estatísticas apresentadas sobre a educação brasileira. É observado que há um grande número de alunos, em percentuais exagerados, que saem do ensino fundamental e do ensino médio para entrar em cursos técnicos, tecnológicos ou de graduação (bacharelados e licenciaturas) sem as habilidades de compreensão de leitura e condições de escrita. As redações nos malfadados vestibulares são um exemplo claro do que é posto como um desafio a ser superado: aprender a ler e a escrever.

Na educação formal tradicional, muitas vezes esse fato é contornado com a intervenção do professor ou com explicações mais diretas e exercícios desenvolvidos em classe, em cursos de nivelamento ou indicação de leituras complementares. Essa facilidade não existe no AVA. Nele deve haver um guia escrito que deve ser lido e compreendido; a atividade deve ser desenvolvida e devolvida de forma escrita.

Para contornar esse problema no AVA, a solução é a proposta de um programa de formação voltado especificamente para desenvolver no aluno essas habilidades. Como são cursos complementares que não fazem parte do programa normal, é necessário que você desenvolva um esforço e uma dedicação extras e conte com assistência da orientação acadêmica nos casos em que ela é prevista, seja de forma presencial ou *on-line*, conforme o cenário do curso (presença conectada, *blended learning*, *e-learning* etc.).

Para superar esse fato, muitas iniciativas proporcionam programas imediatos na forma de tutoriais direcionados, que indicam como você pode trabalhar para que essas habilidades sejam adquiridas.

Outra solução é a proposição de cursos de nivelamento, aos quais nos referimos anteriormente, normalmente fora do programa dos cursos. Nos estudos de nivelamento se espera que você se prepare e venha com essa formação adquirida. São apresentados tutoriais básicos de orientação e espera-se que eles sejam úteis na tarefa de lhe auxiliar a aprender a ler, interpretar e escrever textos.

8.2 Orientação à leitura

O material que vamos utilizar neste capítulo é uma adaptação do texto encontrado em Neves et al. (1998), modificado de sua forma textual para uma forma de tópicos a serem seguidos pelo aluno. Os autores consideram que, para atingir o objetivo de ler de forma correta os textos que compõem o material de estudo, você deve observar com atenção as seguintes dicas:

~ Aprender a "falar" a língua que se "lê", o que cria o costume de falar e ler corretamente e influencia também na compreensão do texto.
~ Adquirir familiaridade com a leitura e aproveitar para ler revistas, jornais e outros textos. Ter em mente

buscar aumentar ou corrigir seu vocabulário, o que ajuda a completar a primeira orientação.
~ Procurar identificar nas frases o sujeito e o predicado, a mudança dos pronomes pessoais, de acordo com a função sintática que exercem na frase, com as desinências próprias para as segundas e terceiras pessoas, em que os futuros são simples e o adjetivo concorda com o subjetivo. Os autores citados nos dizem que a língua que falamos nada tem a ver com essa recomendação, mas segui-la é um bom começo, ainda que se tenha uma grande dificuldade inicial. No começo das atividades, procure ler pausadamente e procure identificar os elementos assinalados.
~ Durante o exercício da leitura, em uma etapa inicial, procure decodificar a escrita. Procure abranger com um olhar mais do que uma letra ou uma palavra ou mais palavras, para compreender o seu processo de construção (radicais, afixos, desinências). Assim, é possível enxergar as discrepâncias que caracterizam a ortografia, atribuir significado a expressões e metáforas e adquirir familiaridade com a sintaxe da língua escrita (a concordância verbal e nominal, as formas e os tempos verbais, o uso das preposições, as conjunções e outros nexos).
~ Procure entender o significado e a razão de uso dos sinais de pontuação, das letras maiúsculas, das letras minúsculas, das margens do texto, com a intenção de reproduzir ou construir um enredo, seus personagens, raciocínios, argumentos e linhas de tempo.

- Compreenda a importância da leitura para a sua vida pessoal e social. Transforme-a em um hábito que o leve a gostar de ler.
- Use a postura mais adequada para a leitura, sentado e em silêncio.
- Procure, individualmente ou com ajuda dos professores especialistas ou regentes, dos orientadores acadêmicos ou de seus colegas de curso, administrar a escolha de livros.
- Caso encontre alguma palavra que não compreenda, não pare a leitura do texto, anote ou marque para buscar seu significado em algum dicionário, a menos que isso impeça a compreensão de todo um período.
- Sempre tenha indicações bibliográficas que você vai montar com o tempo de leitura, para aumentar a compreensão das formas de escrita.
- Fale com seus colegas de trabalho, familiares e colegas de estudo sobre suas leituras e troque impressões sobre leituras comuns.
- As transformações impostas pela tecnologia apenas mudam de lugar. As bibliotecas tornam-se virtuais, mas não perdem o seu encanto como local onde se encontra um tesouro do conhecimento construído historicamente pela humanidade.
- Procure ampliar seu leque inicial de leituras: busque enciclopédias, mapas, atlas, manuais, revistas, livros de todos os tipos e sobre todos os assuntos.
- Procure leituras de aprofundamento de texto e crie condições para adquirir o amadurecimento intelectual.

> ~ Procure dialogar com o texto, como se estivesse em uma conversa com seu autor. Busque dar um significado pessoal àquilo que lê. Essa atividade evita um dos grandes problemas em nosso meio acadêmico, que é a dificuldade de compreender o texto, aquilo que se lê. O analfabetismo funcional leva pessoas alfabetizadas, algumas consideradas expoentes em suas áreas, a não saberem interpretar aquilo que leem. Os percentuais dessas pessoas atingem números elevados e indesejáveis, o que revela uma grave falha em nosso sistema educacional.
>
> FONTE: ADAPTADO DE NEVES ET AL., 1998.

Para que essas recomendações funcionem a contento, é fundamental a participação ativa do aluno no AVA e a comunicação extensiva na CAV. É difícil se desincumbir dessa tarefa de forma isolada, a não ser em casos muito raros.

Alerta-se para estes fatos, pela identificação do problema do analfabetismo funcional, como uma lacuna de grande escala e que atinge pessoas alfabetizadas que conseguem alcançar o ensino superior. Caso você esteja nessa condição e não consiga recuperar via contatos no AVA uma condição de leitura mínima, deve procurar ajuda externa. Leia, em sua íntegra, parte do texto usado para a colocação dessas orientações:

> É um direito de cidadania do aluno ter acesso aos meios expressivos construídos historicamente pelos falantes e escritores da Língua Portuguesa, para se tornar capaz de ler e compreender todo e qualquer texto já escrito nessa língua. Ensinar a ler é levar o aluno a reconhecer a necessidade de aprender a ler tudo o que já foi escrito,

desde o letreiro do ônibus e os nomes das ruas, dos bancos, das casas comerciais, leituras fundamentais para a sua sobrevivência e orientação numa civilização construída a partir da língua escrita; ler o jornal, que vai relacioná-lo minimamente com o mundo lá fora; ler os poemas, que vão dar concretude, qualificar e expandir os limites de seus sentimentos; ler narrativas, que vão organizar sua relação com a complexidade da vida social, ler as leis e os regulamentos que regem a sua cidadania, ler os ensaios que apelam a sua racionalidade e a desenvolvem. (Neves et al., 1998)

Os aspectos analisados destacam a importânica e o destaque que estão sendo dados à atividade de leitura e às orientações e incentivo para que você a desenvolva com interesse.

8.3 Orientação à interpretação

Para manter o mesmo objetivo de transmitir recomendações para leitura, interpretação e escrita que fogem da área do conhecimento tecnológico, utiliza-se como referência um dos especialistas na área de ensino da língua portuguesa, Campanaro (2007). Ele nos apresenta uma série de recomendações que completam as orientações para leitura apresentadas nos parágrafos anteriores.

Segundo Campanaro (2007), as dicas a seguir são fundamentais para que haja sucesso na interpretação de um texto:

~ Ler todo o texto e procurar ter uma visão geral do assunto.
~ Se encontrar palavras desconhecidas, não interromper a leitura, prosseguir até o fim.
~ Ler, ler bem, ler profundamente, ou seja, ler o texto pelo menos umas três vezes ou mais.

- Voltar ao texto quantas vezes precisar.
- Esclarecer o vocabulário.
- Entender o vocabulário.
- Viver a história.
- Não permitir que prevaleçam suas ideias sobre as do autor.
- Interpretar o que o autor escreveu e não o que você pensa.
- Dividir o texto em pedaços (parágrafos, partes).
- Centralizar cada questão ao pedaço (parágrafos, partes) do texto correspondente.
- Ativar sua leitura.
- Ler com perspicácia, sutileza, malícia nas entrelinhas.
- Procurar um fundamento de lógica objetiva quando o autor apenas sugerir uma ideia.
- Tomar cuidado com as opiniões pessoais. Elas não devem prevalecer para que se compreenda o texto.
- Sentir, perceber a mensagem do autor.
- Descobrir o assunto e procurar pensar sobre ele.
- Procurar estabelecer as opiniões expostas pelo autor e definir o tema e a mensagem embutidos no texto.
- Perceber as ideias defendidas pelo autor.
- Lembrar que os adjuntos adverbiais e os predicativos do sujeito são importantíssimos na interpretação do texto.

Da mesma maneira que para a escrita, temos observado que é difícil se desincumbir dessa tarefa de forma isolada, a não ser em casos muito raros. Nesses casos, recomendamos cursos de reforço, que podem ser ofertados pela própria instituição que oferece os cursos ou em outros locais. Como dissemos, será um esforço extra que se exige, mas que trará compensações, ao facilitar a compreensão dos textos sugeridos para leitura e interpretação como parte integrante do conteúdo do programa do curso.

8.4 Orientação à escrita

Os estudos textuais de Neves et al. (1998), na forma de recomendações que você deve seguir para desempenhar a função do "bem escrever", indicam-nos que para atingir o objetivo de conseguir escrever de forma correta os textos para o cumprimento das atividades e trabalhos previstos no curso, você deve efetuar tentativas para:

~ aproveitar todas as oportunidades que tem para escrever. os encontros síncronos e assíncronos no AVA são boas oportunidades para desenvolver essa atividade, desde que se evite o uso de gírias ou das simplificações tradicionais;
~ usar a escrita não apenas como meio de cópias de livros didáticos ou enciclopédias, mas para dizer a sua palavra, para contar a sua história, falar de suas necessidades, de seus anseios e projetos;
~ procurar usar a sua experiência pessoal e procurar formas de relacionar os conteúdos específicos das disciplinas com as quais vai trabalhar. isso torna a aprendizagem mais significativa e traz o gosto pela escrita, que vai descrever experiências de sua vida pessoal e profissional.
~ discutir e pedir opiniões aos colegas sobre o conteúdo da escrita produzida com determinada intenção e objetivo;

- reconhecer a importância das críticas, que têm como finalidade a reorientação das formas de expor as suas ideias e saber separar e dar valor àquelas que não são críticas vazias, mas buscam auxiliar na construção de textos mais bem acabados;
- procurar ser claro e preciso naquilo que vai dizer;
- escolher para escrever assuntos sobre os quais tenha conhecimento ou esteja apoiado em um referencial teórico a ser citado. Não é necessário ignorar ideias só porque são de terceiros; não é preciso ignorá-las ou apropriá-las, mas reconhecer a importância de compartilhar com outras pessoas materiais de qualidade que foram lidos, com o devido crédito dado ao autor;
- lembrar que, para escrever, é preciso ter alguma coisa para dizer. O que vai ser dito deve produzir sentido e recompensar o esforço e a mobilização de recursos para a produção de novos conhecimentos. A resposta pode ser uma orientação sobre conhecimentos já estabelecidos ou representar uma nova visão sobre um referencial teórico de sustentação no qual foi observada alguma lacuna. Em ambos os casos, ela deve orientar de forma diferenciada as pessoas interessadas no estudo do assunto;
- ter em mente que a escrita somente se reafirma e se refina com a prática e que ela deve ser desenvolvida sem medo de errar, mas com a aceitação da crítica e da necessidade de reescrever o que não ficou claramente especificado;

- estar atento a que, quando se escreve, sempre se escreve para alguém que pertence a alguma área do conhecimento. Mas deve-se lembrar que existem outras pessoas "curiosas" e que buscam a leitura do texto, e que abandonam a leitura devido a um uso excessivo do jargão da área. Se ele for utilizado, procure colocar os sinônimos ou significados para que pessoas que não sejam da mesma área específica do conhecimento possam desenvolver a leitura;
- conhecer o tipo de texto que utiliza e identificar se é um texto público voltado para leitura, que expressa compreensão de algum texto lido, como o esquema, o resumo, a paráfrase e a resenha, ou se é um texto que expressa produção de conhecimento, basicamente a narração e a dissertação. O cuidado a tomar é não confundir as suas finalidades, que são diversas;
- reconhecer que por meio da escrita o autor e o leitor travam um diálogo, que é a base da interação e da comunicação, objetivo maior no desenvolvimento de trabalhos no AVA;
- adotar uma atitude dialógica com o próprio texto: coloque-se no lugar do leitor antes de liberá-lo para a mostra pública.

Não se pode esquecer o nível em que essas recomendações são aplicadas, para evitar uma sobrecarga ou frustração, já que não se dirigem a um público específico de estudo de língua portuguesa. Do mesmo modo que para a leitura, observa-se a dificuldade em se desincumbir dessa tarefa de forma isolada, a não ser em casos muito raros. Caso você esteja nessa condição e não consiga recuperar a leitura via contatos no AVA, uma condição para desenvolver a escrita deve ser procurar ajuda externa.

Não é somente o culto ao ler, interpretar e escrever que justifica o exercício das orientações colocadas. Como destacamos no início do capítulo, não ser classificado como um analfabeto funcional vai lhe dar um importante diferencial competitivo em uma sociedade em que a competitividade é levada a limites inaceitáveis. Visto sob outra ótica, o prazer da compreensão dos textos lidos e a facilidade de se expressar são fatores subjetivos, difíceis de mensurar, mas certamente gratificantes.

capítulo 9

Sistemas de gerenciamento de conteúdo e de aprendizagem

Sistemas de gerenciamento de conteúdo e de aprendizagem

"O conhecimento não é acumulado nem descoberto pelos alunos: ele é construído/ moldado por meio da ação comunicativa entre as pessoas".

(Mercer, 1995, tradução nossa)

Iniciamos este capítulo com a explicação dada por Salmon (2000) em relação ao AVA. Segundo esse autor, estudos sobre os ambientes virtuais devem envolver três diferentes áreas. Em primeiro lugar, a mudança de papéis do estudante e do professor. O sucesso não vem da repetição de comportamento. Como eles devem ser alterados? Em segundo lugar, devemos tratar da participação de todos. Ela é exigida, traz impacto emocional (sim, emocional) e é uma das formas de obter sucesso no ambiente virtual. Devemos olhar para o futuro e perguntar: A que planeta pertence seu ambiente virtual? Será que todas as pessoas que por ele navegam estão no mesmo nível de motivação? E como podemos influenciar para que isso ocorra?

É importante retornar a um destaque efetuado no início dos estudos. O que consideramos AVA? Ele é criado por um conjunto de programas denominado de forma geral, na comunidade acadêmica e corporativa, como SGCA – Sistemas de Gerenciamento de Conteúdo e Aprendizagem (LCMS *Learning and Content Management System*). Neste material, quando nos referimos ao AVA, mencionamos da mesma forma os sistemas que criam esse local no espaço virtual e, por extensão, assim tratamos o conjunto das pessoas que nele atuam como uma CAV. Essa diferenciação visa evitar dualismo na compreensão dos termos utilizados como sinônimos. Existem comportamentos que são os mais indicados. Se você segui-los poderá ter maiores facilidades de obter sucesso em sua iniciativa de desenvolver seus estudos com o uso da tecnologia da informação e dos ambientes virtuais de aprendizagem. Existe a necessidade de adoção de um papel diferenciado para o aluno, o qual vamos tratar de forma mais detalhada neste ponto.

9.1 Interação aluno e da interface gráfica

Até este momento você conheceu o que outras pessoas pensam e orientam sobre a melhor forma de estudar a distância. A partir desses dados como referenciais, é hora de você preparar-se para uma atuação direta e eficaz no AVA, consciente da importância de conhecer o ferramental tecnológico e as formas de mediação disponíveis. Graças ao desenvolvimento das novas tecnologias e da internet e sua participação cada vez mais crescente nas soluções oferecidas aos estudantes, podemos observar alterações cada vez mais significativas nas salas de aula tradicionais.

Vimos que essa mudança não pode processar-se apenas pela imposição de um imperativo tecnológico. Os professores devem ter formações diferenciadas e você deve desempenhar um novo papel no AVA. Os meios utilizados se tornam cada vez mais rápidos e eficazes e exigem que o processo de formação permanente e continuada acompanhe essa velocidade.

O uso extensivo da internet torna-se uma realidade e permite que você entre em contato com pessoas de diferentes localidades geográficas e, com elas, estude assuntos de interesse comum. O diálogo textual orienta no sentido de uma melhoria na sua capacidade de desenvolver atividades de leitura e compreensão de texto e escrita, que são diferenciais importantes. O acesso aberto a diferentes localidades geográficas pode facilitar sua aprendizagem de idiomas de modo informal. A colaboração pode ocorrer sob formas inovadoras, em encontros e relacionamento com pessoas que você nunca viu ou conversou. A busca de alternativas para problemas da vida real, que orientam uma busca de soluções compartilhadas, pode ser um elemento de incentivo ao desenvolvimento de seu senso crítico. Uma das necessidades na sociedade atual é o desenvolvimento da criatividade. É todo um novo contexto de trabalho que você pode explorar. O importante é que você mantenha sempre uma atitude positiva com relação ao trabalho e supere algumas dificuldades tecnológicas iniciais.

As novas tecnologias possibilitam o desenvolvimento diferenciado de projetos instrucionais, com o uso de ferramentas tecnológicas mais potentes e que podem permitir a obtenção de um nível de qualidade semelhante ou superior àquele observado na educação formal tradicional. Alguns pesquisadores consideram que as pessoas que estudam na modalidade semipresencial ou em imersão total no virtual apresentam um melhor rendimento ao final do curso, caso sigam uma metodologia e uma estratégia que contemple alguns conceitos apresentados neste material.

Aos poucos, observamos pessoas e instituições adquirirem consciência da importância da utilização das novas tecnologias e do uso da rede nos processos educacionais. Em contrapartida, muitas instituições ficam à margem de um processo de atualização tecnológica, por não terem os recursos financeiros necessários para a aplicação de projetos educacionais inovadores, com uso das amplas possibilidades abertas pelo desenvolvimento tecnológico.

Ao enfrentar esse problema, elas podem não formar nos profissionais capacidades de trabalho no AVA e de uso da tecnologia. Isso representa um desafio tanto para as instituições quanto para os profissionais em um mercado com o grau de competitividade e imersão tecnológica como o que vivemos na atualidade.

9.2 Preparar-se para estudar a distância

Você já fez a sua escolha em ser um participante de programas de cursos ofertados na modalidade EAD. Então, quais os preparativos iniciais para atingir o sucesso?

Ao tomar essa decisão, você deve estar consciente de que passa a ter um controle e, ao mesmo tempo, responsabilidades maiores do que aquelas exigidas dos estudantes tradicionais sobre as suas atividades de construção individual do conhecimento. Você assume de forma consciente a responsabilidade por seu processo de formação. Essa é uma das características principais do ensino a distância.

Você pode estudar da forma mais adequada as suas características, no tempo que quiser, onde e como quiser, com respeito às características que a instituição que oferta os cursos coloca como requisitos para o desenvolvimento.

As decisões agora não estão totalmente delegadas aos professores, e exigem a sua participação ativa. Uma das primeiras constatações é que você torna-se ao mesmo tempo professor e aluno e dirige a sua aprendizagem de forma independente, ainda que com auxílio da orientação acadêmica.

Você gerencia a sua aprendizagem, localiza recursos de estudo por meio de pesquisas digitais e bibliotecas virtuais e adquire os livros e textos que permitam atingir e superar os objetivos estabelecidos em cada unidade didática. Age no sentido de estabelecer, de acordo com a sua necessidade, os novos objetivos que pretende atingir para superar ou diversificar aqueles colocados no projeto.

Os estudos colaborativos junto com outros estudantes, em atividades síncronas, em salas de conversação, ou de forma assíncrona, através de *e-mails*, tornam-se parte ativa de sua atividade escolar.

Quando se parte para a aprendizagem colaborativa, é comum o desprendimento com relação à socialização dos conhecimentos. As novidades percebidas por um estudante são logo repassadas a todos os participantes. Todos os que fazem parte da "turma" trocam ideias entre si e estabelecem novas formas de comunicação.

Nesses locais, as deficiências físicas, os problemas raciais e as diferenças culturais são minimizados e fazem com que alunos que eram excluídos tenham participação ativa nas atividades de ensino/aprendizagem. Você ajuda e é ajudado pelos demais participantes.

As conversas com especialistas, professores, orientadores acadêmicos ou outros estudantes, sejam de modo formal ou informal, contribuem significativamente para fazer com que você sinta-se parte integrante do curso e da própria instituição educacional (lembre-se da importância do assunto, conforme tratado no capítulo 4). Esse último fator influencia de forma decisiva o desenvolvimento das atividades de aprendizagem e a manutenção do interesse e da motivação.

Você pode trabalhar da forma mais adequada às suas características. Os estudos podem ser desenvolvidos pela manhã, pela noite, sozinho ou em companhia de outros estudantes. Você e seu grupo vão estudar em conjunto as soluções para problemas propostos, que tenham algum significado e nos quais a sua experiência de vida pode auxiliar em sua resolução. A pressão representada pelas provas ou pela cobrança insistente dos professores presenciais é afastada, e você fica à vontade para consultar outras pessoas ou materiais de estudo.

A atividade de exploração pela internet exerce grande atração. As interfaces estão cada vez mais amigáveis e podem auxiliar a despertar o interesse e manter a motivação. Na atualidade, elas representam uma das preocupações no desenvolvimento dos projetos instrucionais.

Um dos aspectos que você deve levar em consideração é resistir à tentação de desenvolver atividades de copiar e colar para a montagem de seus trabalhos. Procure ler, desconstruir e depois reconstruir de forma dialética os conteúdos de leitura e incorporar esse novo conhecimento a sua cultura. Não deixe também de fazer as citações necessárias. Assim, evita-se o plágio, que se torna um problema com as facilidades oferecidas pela tecnologia.

A hipertextualidade se aproxima da forma como o ser humano aprende. Ela desenvolve relacionamentos entre a coisa atual e seus conhecimentos anteriores e permite a criação de novos conhecimentos para situações novas não sujeitas a regras rígidas. Temos observado que é muito baixa a tendência de surgir a anomia nas grandes redes sociais. As pessoas, quando não sabem, perguntam, e, geralmente, obtêm sugestões para estudo advindas de diversos pontos, de pessoas com diferentes formações e opiniões.

Cada instituição que trabalha em EaD encara os estudos e o público-alvo de uma forma particular, que determina a forma como os cursos são ofertados. Muitas sugerem diversas recomendações sobre como você deve orientar os estudos a distância.

O importante é lembrar-se das recomendações até agora efetuadas e ter consciência da responsabilidade que assumiu. Lançar-se em cursos no AVA com a mesma perspectiva e expectativas com as quais se lança em cursos tradicionais é meio caminho andado para o insucesso ou para grandes dificuldades em enfrentar a fase inicial do curso.

A mediação tecnológica na educação traz muitas facilidades, mas exige como contrapartida as recomendações efetuadas até o momento. Para facilitar sua lembrança, é possível resumir o que você deve levar em consideração:

~ as características do AVA;
~ a análise cuidadosa da instituição que oferta os cursos;
~ o olhar interno que lhe permita inferir sua forma individual de desenvolver a atividade de aprendizagem, para usar a sua característica predominante que identifica seu estilo de aprendizagem;

- o desenvolvimento do trabalho em grupo de forma colaborativa via contatos síncronos ou assíncronos, desenvolvidos de forma não presencial e nas CAVs;
- assumir parte da responsabilidade por seu processo de formação;
- ter a consciência da importância de considerar-se parte integrante da instituição e buscar formas para que ela e seus colaboradores lhe deem condições para que tal sentimento prevaleça;
- procurar adaptar-se a uma abordagem de solução de problemas em seu processo de ensino e aprendizagem e deixar de lado o perfil de receptor passivo.

Antes de começar de forma ativa o seu trabalho, é importante que você conheça um pouco mais sobre o que se trata como AVA.

9.3 Sistemas de gerenciamento de conteúdo e aprendizagem

O AVA representa a perspectiva presente e futura em termos de novos locais de aprendizagem. Apesar dos cuidados com a usabilidade das interfaces entre o usuário e a máquina, um dos aspectos principais desses sistemas é que muitos usuários sem nenhuma experiência encontram dificuldades e, em muitos casos, deixam de aproveitar as potencialidades das ferramentas tecnológicas disponíveis. Depois que você tomou a decisão de estudar nessa modalidade, escolheu a melhor instituição, investigou as formas mais corretas de estudar, antes de iniciar seu trabalho, deve conhecer o AVA de forma extensiva. É comum a oferta de cursos de nivelamento que devem anteceder o início das atividades. Eles simulam a figura de um *"campus* virtual", no qual o aluno desenvolve todas as atividades e comunica-se com a instituição, com os docentes e orientadores acadêmicos e com outros colegas de curso. Com pequenas diferenças, as versões de todos os sistemas que atendem a sua implantação tendem a apresentar características similares e atender a uma tendência de padronização, o que permite que a apresentação das características de um deles leve o leitor a conhecer, de forma geral, todos os sistemas com a mesma finalidade. São exemplos de sistemas: *Virtual-/U, Blackboard, WEBCT, Moodle etc.*

Uma das diferenças importantes reside no fato de alguns deles serem oferecidos para a comunidade como *softwares* livres (*open source*) que congregam uma comunidade em seu entorno, com a tarefa de alterar erros e incrementar facilidades de interesse comum. Isso que leva algumas instituições de ensino, principalmente as federais e estaduais, e nos dias atuais um bom número de instituições particulares, a optar por algum produto nessa modalidade.

9.3.1 *O que são estes sistemas*

A efetivação da educação no AVA, com uso da metáfora da "universidade e salas de aulas virtuais", exige uma replicação, nesses locais, das condições sob as quais a atividade de ensino e aprendizagem se desenvolve na educação formal tradicional. Eles representam um conjunto de programas que fornecem informações que permitem o gerenciamento das atividades de ensino e aprendizagem. Esses sistemas representam o estado da arte da funcionalidade das comunicações mediadas no contexto educacional, para os quais se prevê uma grande evolução futura, principalmente em nosso país, onde se multiplicam as iniciativas da aprendizagem ofertada na modalidade do ensino a distância. Esses programas ainda carecem de um enfoque pedagógico e do uso mais apropriado da teoria da comunicação para compreender a importância da redução da distância transacional e da efetivação da presença social do professor em sua vida, como participante de encontros sem rosto (Giddens, 1991).

Eles são considerados fatores motivadores para a sua participação na aprendizagem colaborativa, efetivada através de um diálogo profícuo entre você e o professor e com os demais participantes. Podemos denominar a efetivação desse fator como socialização virtual, que pode ser considerada a mesma que ocorre no ensino tradicional.

A ausência do fator pedagógico apoia a justificativa para estudos e os esforços para o seu desenvolvimento de forma detalhada, com a intenção de aplicar ao campo do ensino a distância o mesmo olhar crítico aplicado às teorias vigentes no ensino tradicional.

Isso porque considera-se que a educação em um futuro próximo será desenvolvida sem levar em consideração a diferenciação que, nos dias atuais, ainda insiste em impor uma dicotomia indesejada entre o ensino presencial e o não presencial. Ou seja, ele será híbrido e vai mesclar momentos presenciais e não presenciais, de acordo com necessidades individuais e níveis cognitivos de cada um.

O AVA opera apoiado nas ferramentas disponibilizadas pelo surgimento e acelerado desenvolvimento da rede mundial de comunicações, a internet. Com ele torna-se possível e facilitada a efetivação da atividade da aprendizagem eletrônica (*e-learning*), que é um dos componentes do ensino a distância. Neste ponto é importante um parêntese para destacar que a modalidade e-learning não deve ser confundida com o ensino a distância em si mesmo, o que revela um erro de enfoque e compreensão do seu real e verdadeiro conceito. O *e-learning* é um dos cenários possíveis de oferecer o processo de ensino e aprendizagem em EaD, e não a única forma. O apoio assinalado é fornecido por ferramentas disponibilizadas na internet. Elas facilitam as comunicações mediadas por computador entre grupos de pessoas e agora são utilizadas na mediação de atividades educacionais. A utilização de *e-mail*, a participação em grupos de usuários e em comunidades colaborativas de aprendizagem apresentam uma utilização cada vez mais crescente. O mesmo ocorre com métodos para a disseminação de materiais para cursos na modalidade *on-line*.

Algumas pessoas limitam o conceito dos gerenciadores de aprendizagem à criação de salas de aula virtuais. Eles proporcionam este lócus educacional. Porém, eles não se limitam apenas a essa possibilidade. Há uma preocupação mais ampla de expandir a intenção da utilização da tecnologia, como uma nova ferramenta para facilitar a atividade de aprendizagem.

Muitos fabricantes apregoam que seus produtos abrigam a possibilidade de utilização de múltiplos enfoques e teorias da aprendizagem. Na realidade, podemos observar que o AVA se limita a encorajar a utilização da aprendizagem colaborativa e trabalha na perspectiva da aprendizagem baseada em um elevado volume de informação, que permite compartilhamento e reutilização de recursos.

9.3.2 Um sistema particular

O **Claroline** é um desses sistemas, ofertado na modalidade de *software* livre. Ele recebeu diversos prêmios internacionais devido à ação da larga comunidade que com ele trabalha. A extensão dessa comunidade costuma ser o fator mais importante na escolha de um determinado produto. Ela efetua alterações e melhora constantemente o produto. Outro aspecto que favorece os *softwares* livres é a posse dos programas-fontes e a criação de rotinas auxiliares, de acordo com a necessidade da instituição. A única exigência é o respeito às recomendações colocadas para esses produtos, denominadas *copyleft*, que informa que qualquer pessoa que distribui o *software*, com ou sem modificações, deve passar adiante a liberdade de copiar e também modificar o programa, além de distribuí-lo novamente.

Alguns aspectos de um determinado produto podem atender melhor a um determinado contexto educacional, ou seja, a forma como a instituição pretende desenvolver os seus cursos a serem oferecidos na modalidade do ensino a distância também influencia na decisão final. Esse estudo é desenvolvido com os seguintes objetivos:

~ Inferir como avaliar as propriedades, capacidades e orientação dos gerenciadores sob um enfoque estritamente pedagógico, sem analisar aspectos comerciais.

~ Inferir como um determinado sistema de gerenciamento de aprendizagem *on-line* pode ser utilizado no contexto particular das atividades de ensino e aprendizagem de cada instituição de ensino.
~ Apresentar a você as características gerais que facilitem a aprendizagem de suas funções e um trabalho sem dificuldades durante o desenvolvimento de suas atividades.

Acredita-se que os fatores mais importantes a serem considerados dizem respeito à forma como os professores irão comportar-se no AVA e à forma como você vai participar e desenvolver a atividade de comunicação. Para esse fim, o sistema deve proporcionar o máximo de informações possíveis. Permitir o desenvolvimento confortável do trabalho evita os elevados fatores de evasão e evita que sua opção transforme-se em uma aventura que traga consequências desastrosas, sob os aspectos financeiro e de autoestima.

No AVA, interagem professores voltados a diferentes atividades, os quais são:

~ projetistas instrucionais;
~ produtores de material;
~ roteiristas de aulas, na adaptação dos conteúdos à linguagem e às dinâmicas do meio;
~ orientadores acadêmicos, no acompanhamento e evolução do aluno;
~ avaliadores da aprendizagem;
~ gestores de planejamento e análise de resultados;

~ tecnólogos ou participantes de equipes multidisciplinares, que estudam formas ergonômicas de interfaces gráficas e adequação da práxis didática à linguagem dos multimeios utilizados, cada um com suas características particulares.

Esse conhecimento é importante, já que você começa a observar a complexidade e a necessidade da profissionalização no ensino a distância como um passo inadiável. O tema não será estudado neste momento, mas considerado como formação necessária para os docentes.

Você deve ter uma visão pragmática, voltada para a aprendizagem direta de ferramentas e técnicas para trabalhar de forma mais confortável. No AVA interagem, ainda, alunos adultos e totalmente inteirados de que sua responsabilidade pela aprendizagem independente é o fator mais importante a ser considerado.

Interligado de forma intrínseca ao AVA, a presença de um alto grau de flexibilidade é o fator mais importante a se considerar. Quanto maior a flexibilidade, mais se respeita um dos preceitos da pedagogia diferenciada, que é atender às formas individuais de aprendizagem. Isso pode permitir que você atinja um elevado estágio de aprendizagem informal, mas com a mesma validade de reconhecimento que tem o aluno proveniente da educação formal tradicional. As empresas valorizam cada vez mais o processo de formação permanente e continuada, conforme assinalam Ribeiro e Motta (2007).

Esse trabalho não pretende seguir nenhum modelo prédeterminado. Não que a eles não seja dado valor, mas pretende-se um elevado grau de independência na avaliação, sem que se esteja preso a um esquema pré-determinado.

A única restrição imposta é a verificação da validade pedagógica das propostas de desenvolvimento. A intenção é evitar que mitos tradicionais utilizados como propagandas para divulgação desses produtos empanem a visão educacional.

A atuação do professor e o conhecimento necessário sobre o seu grau de educabilidade cognitiva como participante do curso são fatores determinantes para o sucesso das iniciativas em ensino a distância. Alguns paradigmas emergentes, em discussão já há algum tempo na comunidade acadêmica e outros não tão atuais, mas contextualizados na atualidade do ensino a distância, serão levados em consideração:

~ a teoria conversacional;
~ a teoria da distância transacional;
~ a teoria da presença social;
~ a teoria cognitiva;
~ a teoria da andragogia;
~ a teoria da aprendizagem ativa;
~ a teoria da aprendizagem colaborativa;
~ as teorias psicológicas da interação em grupos;
~ as teorias sobre a importância do contexto social do aprendente na atividade de aprendizagem.

Durante o desenvolvimento dos capítulos anteriores, você teve a oportunidade de conhecer os aspectos de algumas dessas abordagens –, as mais utilizadas –, e as orientações para ajustar seus conhecimentos, comportamentos e atitudes no AVA. A principal meta a atingir é investigar quais características devem estar presentes para permitir que o professor ensine da forma com que ele deseja ensinar e possibilitar que você aprenda da forma como deseja aprender.

Para que as observações colocadas nos parágrafos anteriores não fiquem soltas, caso você não tenha acesso a algum AVA providenciado por Sistema de Gerenciamento de Conteúdo e Aprendizagem (SGCA), serão apresentadas nas próximas figuras, algumas telas do *software* Claroline*.

Isso significa que você pode pedir que alguém experiente na implantação de sistemas o instale em algum provedor e você torne-se um "vendedor de conhecimentos", produza cursos na sua área e, quem sabe, venha a ser um "profissional independente", uma das visões atraentes para os docentes em um futuro já presente.

Assim, poderá atender a grupos de outros profissionais em processo de formação permanente e continuada e criar uma CAV, que é como se enxerga uma parte do sistema educacional e a colaboração entre as pessoas no virtual, em um futuro não muito distante.

O Claroline, desenvolvido na Universidade de Louvain, na Bélgica, tem recebido alguns prêmios por sua excelência e é utilizado por uma comunidade crescente de usuários. Ele apresenta todas as facilidades relacionadas nos parágrafos anteriores e permite um acompanhamento de todo o seu desenvolvimento acadêmico.

---

*Mais informações sobre o sistema Claroline e instruções para baixá-lo e instalá-lo podem ser obtidas no *site*: <http://www.claroline.net>.

O sistema apresenta uma estrutura para dar condições de trabalho para os alunos. Ao invés de liberar o acesso ao sistema, ele exige palavras-chave (*login* e senha) para entrada.

Prefere-se trabalhar com uma combinação dos conceitos de "objetos de aprendizagem" para a criação de "rotas de aprendizagem", com as quais os alunos têm maiores facilidades de organizar o seu trabalho, já que todas as atividades previstas para determinadas fases estão ordenadas e com sugestões.

É uma oportunidade para evitar o condutismo e criar condições de organização didática e pedagógica. Assim, o processo pode ser desenvolvido de forma flexível, com as atividades individualizadas.

A usabilidade é o principal parâmetro de avaliação desses sistemas. Isso significa que eles devem tornar aberto, facilitado e ordenado o conjunto de atividades possíveis. Esse parâmetro é um diferencial de qualidade.

As telas apresentadas são reproduções de uma versão do sistema implantado em uma instituição de ensino superior que trabalha com ensino a distância, e servem apenas como modelo para o acompanhamento de atividades que atendem a um padrão geral para esses sistemas.

Área de entrada

De forma geral, todos os gerenciadores possuem uma área de entrada personalizável e que apresenta as áreas de trabalho, conforme apresentado na Figura 1.

Figura 1 - Entrada no AVA

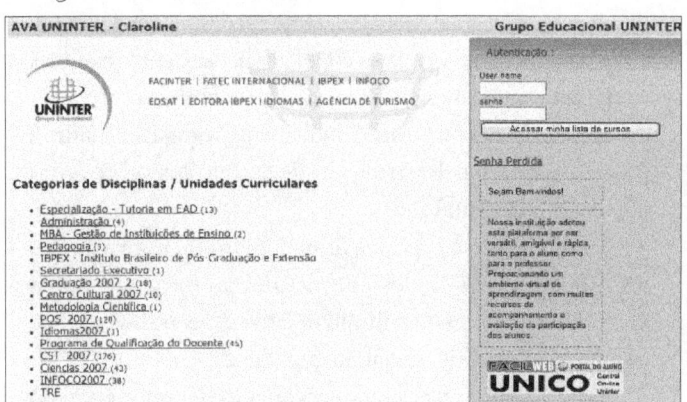

Na Figura 1, você pode observar que a estruturação lógica para esse sistema é a inserção de categorias de curso, que podem abranger áreas de conhecimento com as quais a instituição de ensino trabalha.

Dentro de cada uma dessas áreas são inseridos cursos divididos em unidades menores (aulas ou unidades). Elas são definidas como uma rota de aprendizagem que pode abranger um ou mais objetos desenvolvidos pela instituição. A partir daí você tem todas as áreas citadas no estudo, como pode observar na Figura 2.

Figura 2 – Disciplinas

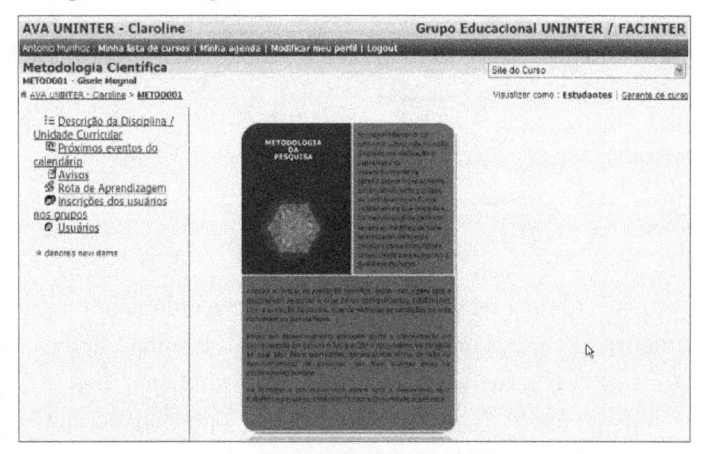

Ao informar os campos que liberam a entrada, você tem a primeira visão. Na tela, os tópicos permitem:

~ visualizar a descrição da disciplina (metadados);
~ visualizar os próximos eventos;
~ visualizar avisos esporádicos;
~ acessar a rota de aprendizagem que orienta para todas as atividades previstas para algum ponto específico do curso;
~ inscrever-se em grupos;
~ visualizar todos os demais usuários do curso para comunicação.

Na Figura 3, você pode ver uma aula específica do curso e o detalhamento de sua rota de aprendizagem.

Figura 3 – Mapa de rotas

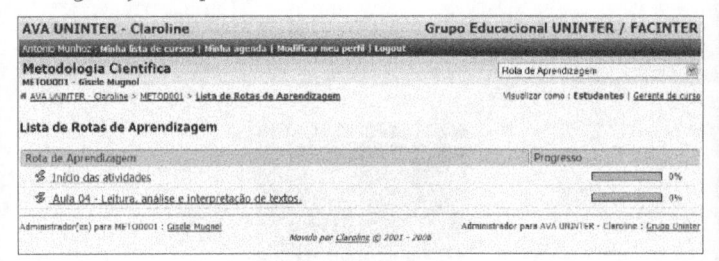

AVA UNINTER - Claroline	Grupo Educacional UNINTER / FACINTER
Antonio Munhoz : Minha lista de cursos	Minha agenda	Modificar meu perfil	Logout	

Metodologia Científica
METOD001 - Gisele Mugnol
AVA UNINTER - Claroline > METOD001 > Lista de Rotas de Aprendizagem

Rota de Aprendizagem — Visualizar como : Estudantes | Gerente de curso

Lista de Rotas de Aprendizagem

Rota de Aprendizagem	Progresso
Início das atividades	0%
Aula 04 - Leitura, análise e interpretação de textos.	0%

Administrador(es) para METOD001 : Gisele Mugnol — Administrador para AVA UNINTER - Claroline : Grupo Uninter
Movido por Claroline © 2001 - 2008

Essa forma de apresentação varia de acordo com o sistema. O que importa é que todas as áreas descritas estejam disponíveis e que sejam definidas para o aluno em uma sequência lógica. A Figura 4 abre a rota completa para que você observe que todas as áreas consideradas como necessárias estão disponíveis:

Figura 4 – Expansão de rota

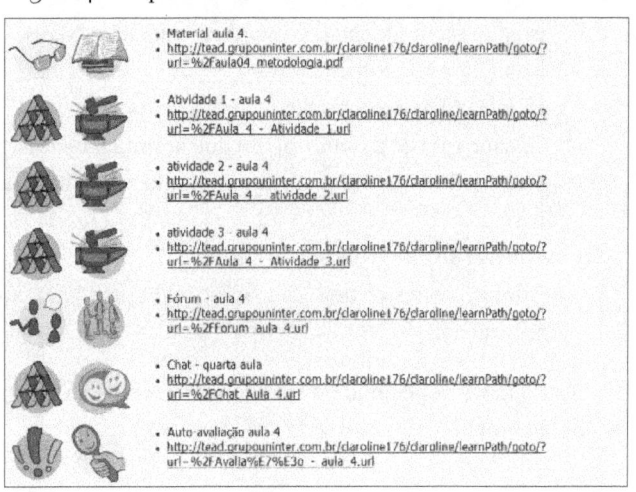

- Material aula 4.
  http://tead.grupouninter.com.br/claroline176/claroline/learnPath/goto/?url=%2Faula04_metodologia.pdf

- Atividade 1 - aula 4
  http://tead.grupouninter.com.br/claroline176/claroline/learnPath/goto/?url=%2FAula_4_-_Atividade_1.url

- atividade 2 - aula 4
  http://tead.grupouninter.com.br/claroline176/claroline/learnPath/goto/?url=%2FAula_4_-_atividade_2.url

- atividade 3 - aula 4
  http://tead.grupouninter.com.br/claroline176/claroline/learnPath/goto/?url=%2FAula_4_-_Atividade_3.url

- Fórum - aula 4
  http://tead.grupouninter.com.br/claroline176/claroline/learnPath/goto/?url=%2FForum_aula_4.url

- Chat - quarta aula
  http://tead.grupouninter.com.br/claroline176/claroline/learnPath/goto/?url=%2FChat_Aula_4.url

- Auto-avaliação aula 4
  http://tead.grupouninter.com.br/claroline176/claroline/learnPath/goto/?url=%2FAvalia%E7%E3o_-_aula_4.url

Na rota de aprendizagem que você pode ver na figura 4, está prevista para a quarta aula de uma disciplina denominada *Metodologia da pesquisa científica* o desenvolvimento de uma rota de aprendizagem com sete atividades:

~ A leitura de material de estudo disponível no formato PDF, que pode ser acessado a partir de qualquer computador, com o uso do programa *Adobe Acrobat Reader* ®.
~ Três trabalhos propostos no material de leitura e que devem ser desenvolvidos em grupo ou de forma individual e enviados para a estrutura central, como requisito parcial de avaliação do aluno.
~ Um fórum de discussão interno.
~ Um *chat* com o professor especialista e os líderes de grupo, que disseminam as discussões entre todos os participantes em salas menores, disponíveis em diversos horários.
~ O processo de avaliação formativa desenvolvido de forma independente.

Todo esse conteúdo pode ser complementado com o fornecimento de *links* de interesse a serem consultados pelo aluno e que estão fora da estrutura. O acesso a bibliotecas virtuais, também fora da estrutura, é outro complemento importante a ser considerado. Existe ainda a possibilidade do acesso a grupos de usuários ou a qualquer outra CAV criada para estudo de assuntos particulares e de interesse.

A montagem dessa estrutura movimenta um grande aporte de recursos e de trabalho de equipes multidisciplinares, que envolvem tecnólogos, designers e pedagogos.

Esse não é o principal motivo para você ser um participante ativo, mas é a sua participação que movimenta essa estrutura, na qual você pode aproveitar recursos didáticos e comunicar-se com orientadores acadêmicos, professores e colegas de curso. Além disso, você tem a sua disposição uma soma de recursos que tendem a facilitar em muito a aprendizagem no AVA e a colaboração na CAV. Durante o desenvolvimento deste material, foram destacados aspectos psicológicos, sociais e técnicos, sempre com o sentido de orientar a sua participação ativa.

Essa estrutura pode ser completada com uma série de outros elementos, como:

~ vídeos;
~ simulações;
~ realidade virtual;
~ programas especialistas;
~ programas com níveis variados de inteligência artificial;
~ desenvolvimento de atividades automáticas, com liberação de tempo para que você dedique-se ao nobre ato de pensar, intuir, criar e incorporar novos conhecimentos a sua altura.

Isso significa atuar no sentido de tornar-se o profissional do conhecimento, em uma sociedade na qual a informação tem inestimável valor, mas que depende de forma intrínseca que ela seja transformada por atividades reflexivas que não levem em conta apenas aspectos tecnológicos, mas também o perigo de resvalarmos para a tecnocracia.

Além da parcela de conhecimento técnico que lhe é exigida, você deve mesclar um elevado grau holístico, que inclua a visão humanitária e social, para o desenvolvimento humano e para os aspectos éticos do comportamento profissional.

9.4 Um tempo de mudanças

O AVA surge e se desenvolve em um tempo de mudanças que busca a efetivação da participação democrática de toda a humanidade na sociedade de aprendizagem (*learning society*). Mito à parte, isso pode ser aceito como a possibilidade de que ela seja efetivada e que o paradigma da aprendizagem para toda a vida (*long life learning*) seja o seu motivador maior. O que se exige são mudanças radicais em todos os níveis educacionais e no próprio sistema educacional do país. A aceitação da possibilidade de desenvolver com qualidade o processo de ensino e aprendizagem é necessária.

Um novo sistema educacional deve evitar a formação de pesquisadores que, esquecidos das salas de aula (presenciais e virtuais), ocultam seus conhecimentos e descobertas, colocados a serviço de escusos interesses comerciais. A sala de aula, presencial ou estabelecida no virtual, é, para o pesquisador consciente, o seu palco de atuação no papel de colaborador no processo de aprendizagem e construção individual do conhecimento dos alunos.

Esse trabalho está voltado para analisar a atuação do humano sobre a máquina e investigar qual o ferramental necessário para facilitar a ação e interação humana, nesse caso com a mediação da tecnologia na criação do conhecimento. Qualidade, flexibilidade e eficácia são fatores a serem colocados como objetivos.

Ao analisar o virtual, a ele não se deseja conferir possibilidades além daquelas que ele possui, sejam elas positivas ou negativas, como diminuir ou eliminar distâncias, desterritorializar empresas, e favorecer o neoliberalismo econômico ao globalizar o comércio.

A complexidade não está no virtual, mas na transferência das interações humanas para o virtual. Estas, sim, mutáveis e sujeitas ao contexto, história de vida e nível cognitivo individual. É inegável o fato de que se aceleram os processos, o que tende a deixar muitos perplexos, haja visto que a humanidade não estava e ainda não está preparada para evoluir a par e passo com a velocidade da evolução tecnológica alcançada pelo gênio humano.

Assim, o virtual cria condições reais para que a atividade da educação em nível superior seja efetivada também de modo mais acelerado. É possível incrementar a possibilidade de acesso a um número maior de informações, tornando mais fácil atingir maior velocidade na obtenção das informações necessárias. É possível criar recursos que permitam o "aumento" ou a "transferência" de conteúdos da memória de longo prazo dos humanos ou a concentração de todo o conhecimento da humanidade na absurda pequenez de algum *microchip*, na atualidade, ou na replicação de elementos similares aos neurônios humanos, no futuro próximo.

É uma época de mudanças, de obrigatoriedade de alterar a forma de ensinar (dos professores) e de aprender (dos alunos e professores). O AVA proporciona a criação e a manutenção das "universidades virtuais". Elas podem facilitar o atendimento à demanda crescente por uma educação, não aligeirada, mas adquirida de acordo com a velocidade da inovação. No próximo capítulo, iremos focalizar mais diretamente a recente evolução da rede mundial de comunicação, das intranets e dos programas que visam dar suporte às atividades de ensino e aprendizagem sob essa perspectiva.

Para que você possa obter mais e melhores recursos, existem as bibliotecas virtuais, os grupos de usuários e as comunidades temáticas que representam um aumento nas fontes de recursos para pesquisas. O uso de *White Board*, bancos de dados multimídia e simulações interativas em todos os campos do conhecimento ainda não está bem estudado.

Essas possibilidades são reais. Outras inovações surgem no horizonte: a televisão digital sobre endereço IP, a utilização da realidade virtual permitida pela elevação da largura de banda e a utilização de agentes inteligentes (o quanto?) que se avizinham para um futuro cada vez mais próximo.

O que sobra de tudo isso? A avaliação do quão pedagógica poderá ser a atuação dos atores do processo educacional, objetivo explícito desse trabalho e fator que orienta a atividade de avaliação proposta sobre os gerenciadores da aprendizagem *on-line*. Assim, a utilização eficaz dessa nova facilidade depende da orientação pedagógica.

capítulo 10

Pesquisas no Virtual

Pesquisas no Virtual

"Decisões são tomadas pelas gerências todos os dias. Seria desejável que elas fossem tomadas com o apoio e evidências cuidadosamente escolhidas e captadas. Quanto mais importantes são as decisões e seu impacto, mais importante torna-se a atividade de pesquisa. Algumas decisões podem trazer consequências que resultam em problemas para um grande número de pessoas".

(Robinson, 2007, tradução nossa)

Neste e nos próximos capíulos, você será orientado sobre aspectos complementares importantes, iniciando com o desenvolvimento de pesquisas na rede mundial de comunicações (internet). Saber realizar essa atividade é um dos requisitos mais importantes para que você tenha sucesso no desenvolvimento de um curso no AVA. Essa habilidade funciona como um diferencial ativo e aumenta de forma significativa o seu nível de competitividade.

Em alguns casos, observa-se dificuldade em desenvolver essa atividade. Isso ocorre, em primeiro lugar, pela ausência de um processo de formação, que deve ser obrigatório e exigido pelo aluno. Em outros casos, a falta de prática e o não reconhecimento da importância dessa atividade são postos como barreiras a serem transpostas.

10.1 Orientações iniciais

O conteúdo deste capítulo está voltado para a sua ação individual, na busca de recursos para o desenvolver trabalhos de pesquisa ou material de leitura complementar que permita o desenvolvimento da prática profissional de forma diferenciada e de processos de formação permanente e continuada.

Essa última colocação destaca a necessidade da utilização da tecnologia para que você, profissional em fase de educação formal ou formação permanente e continuada, que desenvolve seus estudos no AVA, possa fazer a melhor utilização do volume de informações disponíveis na rede.

A educação permanente e continuada* é necessária para quem trabalha em estruturas tecnológicas, por serem elas velozes em sua transformação.

Você deve colocar a si próprio outros questionamentos que eliminem dúvidas de navegação para que o estudo no AVA seja cercado de produtividade.

Dessa forma, o enfoque é mais prático. Mas ainda sim deve ser flexível, sem o direcionamento de condução de sua prática, como fazem os *Computer Based Training* (CBT), que são comuns quando o objetivo é desenvolver capacidade para uso de instrumental tecnológico.

10.2 Questões éticas

O desenvolvimento de trabalhos de pesquisa e busca de recursos digitais enfrenta muitos questionamentos éticos, colocados na forma de códigos de ética, por meio dos conselhos dos órgãos de classe, como forma de evitar o charlatanismo e o plágio como atividades eticamente incorretas e potencialmente perigosas. Atender a esse requisito exige senso crítico, e os orientadores acadêmicos e a própria comunidade podem atuar como valioso auxílio. Esses órgãos orientam a efetuar uma avaliação da qualidade das informações divulgadas na grande rede. Muitas dessas informações relacionam experiências que podem representar informações valiosas para a educação daqueles que utilizam a internet como provedora de informações.

---

* Cabe esclarecer aqui a diferença entre permanente e continuada. A primeira significa que é "para sempre"; a segunda, que é "constante no tempo".

Há uma oposição declarada à censura na internet. É um posicionamento delicado, pois a sua ausência permite a colocação de opiniões ou recomendações sobre fatos ainda não cientificamente comprovados e que podem ser utilizadas a partir da confiança de pesquisadores nos encontros sem rosto.

Essas informações podem ser tendenciosas e exigem cuidado ao serem captadas. A atividade de espionagem industrial muda de nome e passa a chamar-se *inteligência competitiva*, uma nova área do conhecimento na área digital, objeto de pesquisas intensivas. A partir dessa colocação percebe-se o pano de fundo ético ao qual deve submeter-se o profissional que coloca informações disponíveis para acesso livre na rede mundial de comunicações.

Como território livre, ela se coloca disponível para ações inescrupulosas à disposição de pessoas desavisadas. Não se deve trabalhar sobre casos hipotéticos, mas apenas alertar sobre o risco de que informações experimentais possam ser aproveitadas para a inserção de recomendações ou produção de conhecimento a partir de estudos sérios, mas ainda não comprovados. A definição de responsabilidades por resultados inesperados é um trabalho de difícil estabelecimento. Atuam como restrições a serem atendidas:

~ informações obtidas por receptores devem ser cuidadosamente validadas e a qualidade da fonte emissora deve ser verificada;
~ os trabalhos de pesquisa publicados devem ser validados por fontes confiáveis ou argumentos de autoridades;
~ analisar o contexto da publicação e a seriedade e o crédito da fonte.

Estudantes e profissionais, na busca de informações ou em fase de discussão de assuntos na rede, devem tomar cuidados adicionais quanto à validação da informação obtida. Muitas vezes, essas informações podem burlar a regulação restritiva sobre a divulgação de resultados de pesquisas não confirmadas cientificamente. Nesses casos, recomenda-se consultar os órgãos reguladores sobre a veracidade das informações.

Por outro lado, são inegáveis os benefícios, tanto para estudantes como para profissionais, em obter informações sobre suas necessidades de dados e referenciais teóricos sem serem prejudicados por uma regulação excessiva.

É muito difícil estabelecer um limite a ser respeitado sobre o que pode ou não pode ser publicado na rede. Não é tarefa fácil a publicação de informações, como, por exemplo, na área médica, em que uma a divulgação errada pode ser perigosa. Outro exemplo é a área da administração, apesar de, nesta, o resultado advindo de dados errôneos não se configurar tão prejudicial como na medicina. A colocação desse assunto, antes das orientações sobre o desenvolvimento de pesquisas, é necessária, não como uma limitação, mas como atividade que exige cuidados adicionais e deve estar submetida ao censo crítico e ético do profissional.

Esses cuidados fazem com que a participação em listas de discussão ou trabalhos em grupo esteja muitas vezes sujeita à aprovação e o seu acesso protegido por senhas e outros cuidados especiais, como categorização do acesso de acordo com o nível do participante.

Trata-se de um alerta necessário ao profissional, especialmente em algumas áreas que tratam de assuntos de saúde, em diversos níveis. A principal preocupação, além de diferenciar a "boa regulação" da "má regulação", deve estar centrada também em diferenciar a "boa informação" da "má informação" disponível na rede.

Ainda que seja um campo em discussão constante, podemos nos apoiar nas recomendações apresentadas em quatro pontos por um órgão de saúde, área das mais preocupadas com esse aspecto, o *Internet Healthcare Coalition* (IHCC, 2007):

~ Devem ser orientados os consumidores de educação, profissionais, educadores, responsáveis por *marketing*, fornecedores de mídias, responsáveis por definições de políticas públicas e a vasta rede de usuários, sobre a necessidade de liberar informações e serviços de alta qualidade.

~ Devem ser divulgados guias claros para a avaliação das fontes da informação sobre produtos, informações sobre informações, fabricantes, publicações eletrônicas, para a troca de informações, para comunidades e grupos de discussão.

~ Deve ser publicada e promovida a utilização de recursos que exemplificam procedimentos éticos para a divulgação e liberação de informações e serviços na rede.

~ Todos os responsáveis pela divulgação devem atuar como membros representativos de áreas de interesse comum e respeitar as limitações impostas, antes de sua publicação como política de uso.

Ao adotar essas recomendações, você, como estudante, profissional e qualquer outro interessado, envolvido ou não com a área de cuidados em saúde, pode aproveitar de forma segura as vantagens da internet como fonte de obtenção ou publicação de recursos. Apesar de emanadas por um dos órgãos acreditados em saúde, as recomendações são genéricas e atendem a todas as áreas do conhecimento. Organizações reguladoras podem e devem ser consultadas sobre listas negras, que são publicadas regularmente e auxiliam na autorregulação e efetivação de procedimentos éticos na rede mundial de comunicações.

10.3 Obtenção de informações

Com relação à obtenção de informações, parte-se do princípio de que a internet é uma fonte valiosa de conteúdo, por conectar milhares de computadores espalhados pelo mundo. Estes podem conter informações governamentais sobre instituições de ensino, bibliotecas *on-line*, museus, laboratórios de ciência, hospitais, informações sobre residência em saúde, departamentos de serviços sociais e outros. Todos esses proveodres armazeman informações que qualquer pessoa pode utilizar, seja em suas pesquisas ou no desenvolvimento de seus trabalhos profissionais. Estas informações podem auxiliar de forma valiosa em qualquer tipo de busca.

Ao considerar que foram adotados os procedimentos éticos recomendados, resta orientá-lo para desenvolver o seu trabalho na rede mundial de comunicações. Você pode obter recursos para:

- desenvolver seus estudos;
- realizar seus trabalhos de pesquisa;
- aprimorar sua prática profissional;
- manter seus conhecimentos atualizados, com relação ao trabalho de outros pesquisadores;
- atualizar seus conhecimentos quanto a procedimentos padronizados em sua área de conhecimento – legislação, regulação, normas etc.

Antes de você iniciar seus trabalhos, reiteramos uma recomendação. Apesar do caráter democratizante, a internet pode estabelecer algumas restrições ao material nela encontrado. Ele poderá não estar disponível, mas apenas indicado e fornecido em outro local para que seja efetuada a sua compra. Isso decorre de restrições financeiras impostas por autores e editoras.

O material ou a discussão de assuntos que você procura poderão estar espalhados por meio de diversas fontes. A sua busca pode ser extensiva e durar um longo tempo, até que você consiga desenvolver toda a navegação necessária para obter o que procura. Como recomendação para o início dos trabalhos indicamos os seguintes procedimentos:

- Navegue livremente pelos conteúdos da rede, sem deter-se mais especificamente em algum deles e relacione os locais de interesse em uma lista de preferidos, área disponível na grande maioria dos navegadores da internet.
- Após a navegação livre, revise a área de preferidos marcada, defina os locais de maior interesse e elimine os demais.

- Verifique a confiabilidade dos endereços escolhidos – submeta-os a seu julgamento crítico ou consulte listas negras de endereços não confiáveis, se elas existirem na área de conhecimento pesquisada.
- Inicie o planejamento de como você vai utilizar os recursos escolhidos.

Esse trabalho tem, naturalmente, cunho científico. Desta forma, evite o plágio: cite os locais e informações utilizadas, respeite os direitos autorais de seus proprietários.

A sequência descrita nos próximos parágrafos é indicada para o desenvolvimento de pesquisas. A informação que você necessita pode estar dispersa na lista de recursos abaixo relacionada:

- ORGANIZAÇÕES — bibliotecas, instituições de ensino, *sites* do governo, companhias, lojas de vendas ou museus.
- PUBLICAÇÕES — livros, jornais, revistas, relatórios, figuras.
- MEIOS — TV, rádio, vídeos, CDs, VCDs, DVDs, arquivos MP3 etc.
- PESSOAS — professores, bibliotecários, expertos, colegas de estudo, amigos pessoais ou a própria família.
- BANCOS DE DADOS — locais na rede onde são disponibilizadas grandes quantidades de dados com informações diversificadas em diversas áreas do conhecimento.

Antes de iniciar, estruture a sua área de favoritos em seu navegador. Você poderá, por exemplo, criar uma estrutura de diretório com pastas referentes a cada um dos assuntos relacionados na lista acima. Inicie a sua navegação em portais temáticos e pesquise essas áreas.

Outro recurso de grande utilidade nas pesquisas é a montagem de livros eletrônicos. Utilize programas que baixam para a sua máquina o conteúdo de localidades da rede.

Você, inevitavelmente, irá acessar locais protegidos por senhas, aos quais você deve associar-se ou buscar acesso por meio da biblioteca de sua instituição de ensino. Você poderá também ser dirigido a *sites* de organizações que têm suas páginas colocadas na rede.

Aqui vale seu senso crítico e a credibilidade da organização. Relacione essas instituições para uma consulta mais detalhada no futuro. Não se restrinja às associações de seu país, busque entidades internacionais e participe de grupos montados em universidades nacionais e internacionais que podem facilitar a validação das informações.

Em muitas delas você irá encontrar as informações em programas multimídia, hipermídia ou através de *stream* de vídeo. Anote esses endereços, que podem fornecer recursos importantes. Repita esses procedimentos para todas as áreas indicadas anteriormente. Lembre-se: você está apenas na coleta de endereços, em uma atividade de navegação superficial. Para instituições que oferecem afiliação, analise seus recursos financeiros e a relação custo/benefício que uma eventual associação possa trazer.

Em outros locais você irá encontrar a oferta de cursos de durações variadas, ofertados na modalidade do ensino a distância. Avalie cuidadosamente a sua participação nesses eventos e principalmente, leve em conta a credibilidade da fonte emissora.

Quando encontrar recursos *on-line*, como *e-books* ou *white papers*, verifique a possibilidade e interesse de montar com esses recursos os livros eletrônicos anteriormente assinalados. Tome bastante cuidado em anotar as formas de referenciar as suas informações. Elas estão livres para utilização, mas exigem a contrapartida da citação da fonte, já que estão geralmente submetidas a direitos autorais. A grande maioria das revistas e jornais *on-line* fornece recursos de grande valia. Acostume-se a não armazená-los em seu computador; utilize para isso meios externos (CDs, DVDs, *diskdrives*, *pendrives* etc.). O volume de informações é extenso e pode esgotar em pouco tempo a capacidade de seu computador.

Em outros casos, suas pesquisas o colocam em contato com comunidades de aprendizagem ou grupos de discussão. Analise cuidadosamente o valor de sua participação e prepare-se para gastar um bom tempo de acesso ao seu *e-mail* em busca de informações valiosas. Elas estarão disponíveis em meio a muito "lixo eletrônico".

Ao associar-se a algum *site*, tome muito cuidado. Procure oferecer um *e-mail* alternativo, pois você poderá ser vitima de SPAM — envio de mensagens que não lhe interessam e não colaboram com seus trabalhos.

Procure utilizar gerenciadores de *e-mail* que permitam o controle dessa atividade de SPAM. Quando obtiver fotos ou pequenos filmes, procure utilizar algum programa, geralmente disponíveis na modalidade de *software* livre, para catalogar os recursos que você irá guardar durante o desenvolvimento de seu trabalho. Lembre-se que seu equipamento tem um limite, por maior que seja a capacidade de armazenamento.

Procure sempre ter acesso a informações ao desenvolver algum curso. Veja se ele não está submetido às restrições da regulação das profissões e, assim, evite perdas financeiras, que podem ser elevadas.

Participar de seminários *on-line* pode representar uma boa economia, principalmente quando permitem a gravação dos eventos, que você pode consultar em caso de necessidade. Contate os provedores dos seminários e solicite informações sobre como os dados apresentados podem ser obtidos em formato digital ou impresso.

Algumas universidades, aquelas que acompanham a evolução e progresso tecnológico, costumam armazenar as dissertações e teses de seus programas de mestrado e doutorado, que podem representar boas fontes de pesquisa, desde que respeitados os direitos autorais neles apresentados.

Para desenvolver todos estes trabalhos, o que o profissional ou estudante deve utilizar?

A resposta imediata é: um bom mecanismo de busca. Os mais completos na atualidade são um de uso comum *Google*, e outro de uso mais específico por tratar-se de um metabuscador, o *Copernic*, que pesquisa simultaneamente em diversos mecanismos simples e ranqueia as informações, com diminuição do volume de navegação necessário. Existem muitos outros menores e mais específicos. Com os dois citados acima, o profissional ou estudante estará bem equipado para desenvolver seus trabalhos.

Como pesquisar? Novamente, uma resposta rápida e fácil para os que estão acostumados, e o desafio para um bom início de trabalho para os principiantes.

Utilize palavras-chave e combinações lógicas que incluem ou subtraem dos resultados outras palavras-chave secundárias. Existem na rede bons tutoriais em diversas línguas, que o aluno pode utilizar para atingir os seus objetivos.

QUAIS ERROS DEVEM SER EVITADOS? A lista a seguir relaciona apenas os mais comuns:

~ Nunca inicie uma pesquisa sem um planejamento e estratégias anteriormente estabelecidas.
~ Não utilize o mecanismo de busca não indicado (experiência adquirida apenas na prática).
~ Não escolha palavras-chave ou combinações de palavras-chave incorretas (mais uma vez a prática indicará os melhores caminhos).

Além dos mecanismos de busca anteriormente citados, o profissional poderá utilizar programas que listam diretórios da *web* ou ligam o profissional a portais temáticos na sua área de interesse.

QUAL O MELHOR MECANISMO DE BUSCA? Pergunta difícil de responder, pois depende dos objetivos, que são extremamente variáveis. Como regra geral considere os seguintes aspectos:

~ Os mecanismos de busca pesquisam milhares de página na *web* relacionadas em seus diretórios, o que pode tornar a busca excessiva e demorada. Eles são mais indicados quando você desenvolve uma busca específica que conduz a um número não muito grande de locais.
~ A pesquisa em diretórios da *web* leva você a espionar áreas específicas, como portais do tipo *Yahoo!*. Você

poderá escolher entre conhecimento popular ou especializado. Eles representam ferramentas proprietárias desenvolvidas com finalidades específicas em alguns casos. Eles são utilizados quando se deseja uma visão mais geral, menos contextualizada ou científica sobre um determinado assunto.

~ O uso de portais temáticos dirige você de modo mais específico para áreas determinadas, voltadas para educação, pesquisa, diversão ou outra área específica com relação ao tema escolhido para pesquisa. Eles são mais indicados para o profissional pesquisador, já que o levam para locais em que a informação tem um melhor nível de credibilidade, geralmente instituições de ensino, departamentos de pesquisa, grandes bibliotecas etc.

Existem algumas formas de aperfeiçoar a sua pesquisa:

~ Ao invés de utilizar uma ou duas palavras-chave, procure pensar mais em nível de termos para pesquisa e desenvolva uma estratégia para efetivá-la;
~ A primeira tentativa será unir as palavras-chave que você escolheu em uma frase de pesquisa;
~ Utilize conectores lógicos – incluir e excluir os que têm características específicas e assim por diante; isso pode ser feito para filtrar resultados iniciais muito extensos.

Além dessas recomendações iniciais, o pesquisador deve estudar com vagar o roteiro alternativo proposto a seguir:

- Definir qual tópico deseja pesquisar.
- Definir palavras-chave de busca.
- Se existirem outras palavras similares (sinônimos), utilize-as.
- Se existirem outras palavras mais específicas que possam limitar a pesquisa, utilize-as.
- Se for possível combinar esses termos para formar uma frase, faça-o e utilize conectores AND, OR e NOT, que estão em sua língua nativa porque muitos mecanismos ainda a utilizam como base. Por exemplo: Se você deseja localizar em uma pesquisa carros vermelhos e pretos, coloque como pesquisa "carros vermelhos AND carros pretos", se quer carros de todas as cores, exceto os pretos, busque por "carros NOT pretos". Os mecanismos de busca apresentam também a "busca avançada", nas quais esses argumentos podem ser relacionados em tabelas que incluem outras condições, tais como: maior que, menos que, igual etc., além da possibilidade de escolha de idioma, formato dos arquivos obtidos, país de origem da página encontrada, domínio dos *sites* etc.
- Comece a pesquisa e, no seu desenvolvimento, tente outras frases ou realize a filtragem dos resultados iniciais, o que corresponde a pesquisas sucessivas, ou à imposição de restrições a domínios já determinados.

Tente mecanismos ou metabuscadores diferenciados. Existem na internet múltiplos deles disponíveis, sem custo. Quase todos eles apresentam tutoriais de utilização e intruções sobre como efetuar a montagem de frases ou desenvolver filtragens sucessivas nos resultados.

Obtidos os resultados que você desejava, qual o próximo passo? Validar por meio de seu senso crítico as informações obtidas. Esse fato poderá depender apenas do grau de credibilidade da fonte, ou se ela não estiver estabelecida, de seu próprio julgamento e de seus professores e colegas.

Escolhidas as fontes consideradas fidedignas, qual o próximo passo? Julgar as informações obtidas. Para isso:

~ examine as evidências;
~ desenvolva questionamentos;
~ considere a motivação para a informação estar colocada na rede;
~ somente confie na informação após ter localizado boas causas para fazê-lo.

Outros questionamentos podem ajudar:

~ Quem escreveu o texto?
~ Quem publicou o texto?
~ As fontes são confiáveis?
~ As fontes usam tentativas de persuadir, contar algo, informar ou desinformar?

Com as informações deste capítulo, você poderá desenvolver de forma mais consistente as suas pesquisas na rede mundial de comunicações.

10.3.1 *Informações complementares*

Essas informações complementares procuram orientá-lo desenvolvimento de trabalhos voltados para uma nova categoria de pessoas que iniciam seus trabalhos de busca sobre formas de melhoria de seus conhecimentos pessoais e participação nas grandes redes sociais, com o uso da internet como fonte de recursos e participação. Elas auxiliam os profissionais a ponto de surgir um novo tipo de pesquisador, que pouco precisa deslocar-se para conseguir as informações que deseja. Isso ocorre principalmente nos locais onde as redes se tornam mais rápidas e a banda larga cada vez mais barata. Assim, ela pode ser instalada em locais anteriormente excluídos por razões econômicas, fato que permite democratizar o acesso à informação.

O pesquisador ainda vacilante em utilizar as facilidades da rede mundial da comunicação deve levar em consideração que tais informações influenciam diretamente essas pessoas em suas decisões sobre como tratar suas necessidades pessoais ou profissionais.

Durante o desenvolvimento deste trabalho, tivemos a oportunidade de destacar a importância de identificar a credibilidade das informações que são colocadas na rede. Esse fato abre perspectivas de trabalho para profissionais de qualquer área e permite que eles venham a tornar-se profissionais de conhecimento em sua área de atuação específica.

Dessa forma, permite-se antever o crescimento de associações de profissionais ou de organizações voltadas para a divulgação de informações na rede mundial de comunicações.

A colocação de páginas pessoais dos profissionais na internet passa a ser um aspecto a considerar em suas atividades de divulgação, não só de seus trabalhos e produção científica, como de sua prática profissional. É também uma forma de desenvolver atividades de *marketing on-line* e direto na rede mundial de comunicações.

O fator motivador para a população que consulta informações na internet é a disponibilidade de informações quando elas são necessárias, *on-line* e durante as 24 horas do dia, o que não acontece com o atendimento pessoal ou geral em horário comercial.

O tratamento desse tema tem o sentido de lhe orientar como profissional para mais um campo de trabalho que se abre, ainda que sujeito aos aspectos éticos e de regulação anteriormente discutidos.

10.4 Introdução à prática

QUAIS AS FONTES DE INFORMAÇÃO PARA O PESQUISADOR? São muitas e algumas delas não são confiáveis. Vai depender do critério e senso crítico individual. Essas fontes são apenas canais de comunicação, espalhados por todos os meios de disseminação da informação.

Os CANAIS podem ser formais e informais. Os canais formais são aqueles reconhecidos pela comunidade científica, cujas informações estão disponíveis em revistas científicas, por meio de *papers*, comunicações, relatos de congressos e outros estudos. A comunicação e a obtenção de recursos são lentas e dificultadas. Em contrapartida, as informações obtidas são, na grande maioria dos casos, confiáveis, pois foram submetidas à análise criteriosa e rigorosa.

Os canais informais podem ou não ser confiáveis. Apesar deste risco, eles contêm informações mais atuais e representam as comunidades estabelecidas no virtual, sejam elas para discussão de temas específicos ou abrangentes.

Os canais informais são chamados por Crane (1972) de *colégios invisíveis*, para cercar de um pouco de mistério a sua existência. A razão de ser, é claro, é a disseminação de conhecimentos criados e a criação de novos conhecimentos. Crane (1972) os define de forma mais abrangente como *círculos sociais*, atualmente denominados como *redes científicas* por Latour (1994).

Está formada a "turma" de pesquisadores no ambiente virtual, da qual se deseja ardentemente que você faça parte. Lévy (1999) cunha um termo muito do nosso gosto, ao chamar esse processo de troca de informações decomo *inteligência coletiva* na rede mundial de comunicações.

O problema de todo pesquisador é publicar seus trabalhos, momento no qual ele tem que se valer dos canais formais para que sua produção seja reconhecida e venha a contar pontos em sua avaliação como mestre ou doutor, em determinado assunto. Na atualidade, a maioria das pesquisas começa nos canais informais e termina nos canais formais e depende do prestígio do pesquisador.

Você pode trabalhar para adquirir o "prazer da produção científica" e saborear o gosto da criação de novos conhecimentos e a sua disseminação para uma comunidade acadêmica e para uma sociedade em crescimento acelerado.

10.4.1 As fontes de informação

Uma pequena lista de locais nos quais podemos obter informações:

- Bibliotecas.
- Revistas.
- Jornais.
- Vídeos.
- Resenhas.
- *Sites* voltados para pesquisa ou assuntos específicos.
- Bibliotecas virtuais, livres e pagas.
- Monografias, teses e dissertações com leitura autorizada, em material impresso ou digital.
- Comunidades virtuais de aprendizagem.
- Livros, livros e mais livros.

Ao utilizar todos ou alguns desses recursos, você terá em mãos material informacional em quantidade e qualidade suficientes para desenvolver o seu trabalho.

10.4.2 *Restrições ao plágio*

Esse aspecto poderia ter sido tratado junto com as questões éticas que foram colocadas, mas a sua ocorrência em um volume descontrolado justifica o tratamento individual. O uso indevido de nomes, figuras, vídeos e principalmente de produção intelectual alastra-se de forma avassaladora na rede. Muitos autores questionam a possibilidade de colocar seus materiais na rede, devido a esse fato. Tecnologias que visam a padronização e a melhoria de qualidade dos materiais didáticos, como no uso de objetos de aprendizagem, encontram resistência frente à ação de "piratas intelectuais", que produzem obras que representam colchas de retalhos de produções diversas. Existem programas que permitem captar algumas formas de cópia, mas eles ainda não são totalmente eficazes.

Os docentes, ao efetuarem a correção de trabalho de alunos, passam a ter mais uma preocupação: se o texto produzido é mesmo do aluno. O volume de informações na rede é crescente e o acesso torna-se facilitado, com diminuição do processo de exclusão digital, ainda não a níveis desejados, mas ainda assim de forma crescente, o que facilita a cópia sem a devida citação.

Sempre que formos utilizar como referencial de apoio teórico algum texto, esteja ele onde estiver, devemos indicar a sua fonte. Como trata-se de acesso direto na rede, os endereços dos *sites*, as datas de acesso e outras informações devem ser apresentadas de acordo com a norma vigente na ocasião da publicação de algum trabalho.

Todas as áreas são indistintamente afetadas. É uma febre de plágio indiscriminada e que não se demonstra passageira. O ensino a distância, área em que se localiza este trabalho, é particularmente uma das mais afetadas, o que justifica o tratamento diferenciado do tema. Os trabalhos acadêmicos acabam sujeitos a um processo de espectrometria voltado para a área de documentos, que efetua uma comparação de similaridade, com relação ao seu conteúdo.

É fácil compreender o aumento quando sabemos que existem documentos digitalizados em profusão, o que facilita a cópia indiscriminada, sem que o agente se dê ao trabalho de sequer mudar alguma coisa no conteúdo copiado.

A análise de cópia de documentos indica que um grande percentual de alunos tem desenvolvido essa atividade na produção de trabalhos escolares e até para uso profissional. Os pesquisadores de um instituto voltado especificamente para o estudo do plágio aprofundam a pesquisa e ampliam o seu significado, considerando como tal não somente a cópia de textos, mas também:

- ~ a apropriação das ideias de outros como se fossem suas;
- ~ o uso de materiais sem o crédito à fonte de consulta;
- ~ a efetivação de "roubo literário" centrado na cópia dos conteúdos;
- ~ a apresentação como novidade e originalidade de ideias ou produtos derivados de uma fonte existente.

Fonte: Plagiarism.org, 2009

A Lei nº 9.610/1998 (Lei dos Direitos Autorais) é um documento importante para leitura e proveitoso para se guardar, pois pode servir para eventuais consultas sobre o que você pode ou não utilizar em citações.

10.4.3 *Efetuando a busca de informações*

O conteúdo apresentado nesta seção representa uma compilação de materiais entregues aos alunos e de respostas a perguntas frequentes, que permitem inferir as dúvidas gerais que se pretende esclarecer. Definidos os locais onde obter a informação, parte-se para a transferência de conhecimentos, de quem sabe para quem ainda não sabe que sabe como desenvolver as suas pesquisas.

As áreas do conhecimento são múltiplas. Listar todas as fontes seria um trabalho que somente o espaço virtual poderia suportar, e é lá que esse trabalho é desenvolvido.

A preferência pelo digital como fonte de pesquisas não deve dar-se apenas por questões de tecnofilia, mas porque a relação custo-benefício é bem maior quando se compara o tempo necessário para se fazer uma busca em material impresso. Para obtenção de impressos, existem bibliotecas que enviam esses materiais, mas requerem uma assinatura paga; o seu acesso é liberado para você e os demais alunos via contato com a biblioteca em algumas instituições.

A seguir, são relacionados alguns endereços de interesse.

Fontes de informações digitais não pagas:

- ~ The Engineering Index Monthly – <http://www.elsevier.com/locate/engindex>.
- ~ InformaWorld – <http://www.informaworld.com>.
- ~ SciELO – Scientific Eletronic Library Online – <http://www.scielo.br>.

Fontes de informações digitais pagas:

- ~ EBSCO – <http://www2.ebsco.com/pt-br/Pages/index.aspx>.
- ~ Thomson Reuters – <http://thomsonreuters.com/>.
- ~ ProQuest – <http://www.proquest.com>.
- ~ Adept Scientific – <http://lists.adeptscience.co.uk>.
- ~ National Cancer Institute – <http://www.cancer.gov/search/cancer_literature>.

- Econlit – <http://www.econlit.org>.
- Food Science Central – <http://www.foodsciencecentral.com>.
- HealthStar – <http://www.healthstaronline.com>.
- Iconda – <http://www.ovid.com/site/catalog/DataBase/102.jsp>.
- ScienceDirect – <http://www.sciencedirect.com>.
- General Science Abstracts – <http://library.dialog.com/bluesheets/html/bl0098.html>.
- Medline – <http://www.ncbi.nlm.nih.gov/pubmed/10111576>.
- BIREME – Centro Latino-Americano e do Caribe de Informação em Ciências da Saúde – <http://www.bireme.br>.
- Toxnet – <http://toxnet.nlm.nih.gov/>.

SUA BUSCA PODE SER EFETUADA:

- por assuntos/categorias;
- por assuntos específicos;
- como pesquisa simples;
- como pesquisa avançada.

Como exemplo para esclarecer os conceitos, você pode utilizar o seu mecanismo de busca preferido e pesquisar o tema "o uso de operadores booleanos em pesquisas na internet". Os resultados trazidos vão esclarecer as dúvidas que você ainda possa ter.

Para complementar as dicas dadas até aqui, temos como recomendações para garantir a confiabilidade das fontes:

- A localização de periódicos pode ser feita no Catálogo Coletivo Nacional de Periódicos do Instituto Brasileiro de Informação em Ciência e Tecnologia (IBICT).
- Anais e *proceedings* de congressos e normas podem ser obtidos na base de dados em CD-ROM "CD-CIN".
- Para localizar livros e teses, utiliza-se a base de dados do INIBIBL, na forma de CD-ROM. Outro recurso de interesse é o Catálogo Coletivo da Rede Bibliodata-Calco da Fundação Getúlio Vargas (FGV).
- Catálogos de bibliotecas de universidades são bons locais de pesquisa e muitas delas têm formas de envio dos materiais solicitados. Abaixo, algumas faculdades com bibliotecas de elevado conteúdo de valor para o pesquisador.
- Biblioteca da Universidade Federal de Santa Catarina (UFSC) – <http://www.bu.ufsc.br>.
- Biblioteca da Universidade Federal de Minas Gerais (UFMG) – <http://www.bu.ufmg.br/>.
- Biblioteca da Universidade de São Paulo (USP) – <http://www.usp.br/sibi/>.
- Biblioteca da Escola de Engenharia de São Carlos – USP – <www.eesc.usp.br/biblioteca/>.
- Centennial Science Engineering Library (CSEL) – <http://elibrary.unm.edu/csel/>.

OUTROS RECURSOS QUE PODEM SER UTILIZADOS:

- ~ Empréstimo entre bibliotecas.
- ~ Comut: Serviço que permite obter de outras bibliotecas cópias de artigos, periódicos, teses, dissertações e anais de congressos, entre outros materiais. A inscrição pode ser efetivada em – <http://www.ibict.br/secao.php?cat=COMUT>.
- ~ BAE – Biblioteca de Arquitetura e Engenharia da UNICAMP – <www.bae.unicamp.br/>.
- ~ BL – British Library: empresta livros existentes em seu acervo com cobrança de taxas – <www.bl.uk/>.

Você observou que as informações que podem ser localizadas e recuperadas são muitas. O importante em citá-las é o desejo de despertar em você o *"prazer da produção científica"*, que gera novos conhecimentos que contribuem com o desenvolvimento científico, que pode, se bem utilizado, refletir-se na melhoria do Índice de Desenvolvimento Humano (IDH).

E, como estamos falando em pesquisa, o que você acha de pôr em prática as dicas dadas neste capítulo e pesquisar sobre esse índice em nosso país?

capítulo 11

Tecnologia da informação e comunicação

Tecnologia da informação e comunicação

"A tecnologia da informação dinamiza, motiva e conduz o aluno a descobertas dependendo do uso e quais são os parâmetros que se quer alcançar. As aulas tradicionais muito pouco se apropriam dos recursos que estas tecnologias propiciam como elemento renovador das mídias no processo ensino-aprendizagem. Não é a salvação da Educação Brasileira, contudo tem contribuído para uma melhor socialização do direito de estudar e aprender com mais atratividade e interação".

(Moura, 2007)

No primeiro capítulo, no corpo do Decreto nº 5.622/2005 que regulamenta o ensino a distância em nosso país, vimos a menção direta ao termo *tecnologias da informação e da comunicação*, mais comumente referenciado como Novas Tecnologias de Informação e Comunicação (NTICS), termo do qual podemos retirar a palavra *novas*, pois sua utilização já não se caracteriza como novidade nos tempos atuais.

A revolução nas tecnologias da informação e comunicação e sua evolução constante na sociedade contemporânea ocasionaram profundas mudanças no relacionamento entre as pessoas, em todos os níveis. Não poderia ser diferente na atividade de ensino e aprendizagem.

O relacionamento entre os professores e alunos sofreu alterações constantes na medida em que as instituições de ensino deixaram de representar a única fonte de informações e os professores perderam o *status* de detentores universais do conhecimento. Destaca-se esse fato como justificativa para as novas práticas docentes e discentes a serem desenvolvidas no AVA.

O surgimento da internet e sua afirmação como o maior fenômeno observado em toda a história da evolução dos meios de comunicação trouxe novas fontes de informação. Esse fato, somado às possibilidades já existentes nos meios de comunicação de massa, permitiu o surgimento de novos espaços de aprendizagem.

Uma das características mais interessantes é a observação de um processo de reconfiguração no relacionamento dos sujeitos participantes do processo de ensino e aprendizagem e, com ele, a necessidade de novas práticas docentes e discentes.

A obtenção da informação e o diálogo deixam de ser um processo de troca entre indivíduos que ocupam o mesmo espaço físico. A utilização da tecnologia fez com que as barreiras de espaço entre as pessoas fossem vencidas, com limitações cada vez menores, o que enseja novas formas de comunicação.

Os dispositivos de comunicação a distância, em evolução constante, e as exigências de um mercado globalizado e em processo de desenfreada competitividade, passam a impor um imperativo tecnológico para os sujeitos atuantes no processo de ensino e aprendizagem: a mediação tecnológica no relacionamento entre você e o professor.

Essa evolução permite a criação de comunidades virtuais voltadas para diversas finalidades, que trocam constantemente informações entre si e colaboram na construção e compartilhamento do conhecimento. Estas comunidades demoraram pouco tempo para ser estabelecidas.

11.1 Novas possibilidades abertas

Temos como novas possibilidades as seguintes situações:

~ A formação em serviço de pessoas sem tempo ou oportunidades de retornarem aos estudos deixa de ser um sonho de muitos educadores para tornar-se realidade com a evolução tecnológica. Mas ainda se observa que o grave processo de exclusão social é aumentado com a soma do processo de exclusão digital, que atinge uma grande parcela da população dos países em desenvolvimento.

~ A transformação da sociedade industrial em uma sociedade baseada no conhecimento e na informação apresenta desafios para os profissionais, exige senso crítico, criatividade e inovação como habilidades primárias e estabelece a necessidade da formação permanente e continuada.

~ A oferta de cursos no AVA.

A tecnologia da informação traz possibilidades diferenciadas, com a readaptação dos espaços e lugares físicos das instituições de ensino.

Muitos cometem excessos ao analisar a alteração das relações espaciais provocadas pela evolução tecnológica. Julgam estar frente ao estabelecimento de uma cultura globalizada, em substituição aos valores locais e regionais. Em contraposição, há aqueles que aceitam a reconfiguração dos espaços sociais, com a manutenção de uma geografia própria e valores culturais locais, o que demonstra respeito ao multiculturalismo. O que se enfrenta é algo para o que o ser humano não se encontrava preparado: uma velocidade ímpar no desenvolvimento e a necessidade de readaptação a profundas mudanças sociais que advêm como consequência da adoção da tecnologia. Você deve ter tido em algum momento esta sensação de desamparo frente a esse tropel que avança de forma devastadora.

A par da manutenção das interações vivenciadas no espaço físico e que podem ser mantidas por meio dos dispositivos que eliminam a distância, no espaço virtual se estabelecem novos relacionamentos, novos elos entre pessoas que não se conhecem, mas estabelecem laços de amizade e confiança no espaço virtual. Fato que podemos observar na obra de Giddens (1991), ao discutir as novas formas de comunicação na sociedade pós-moderna: os encontros sem rosto. Estabelece-se a cibercultura, discutida por Lévy (1999), na qual ocorrem interações mediadas apenas pela tecnologia.

Nesse contexto, você vai estabelecer interações que podem tornar-se relacionamentos ricos. O conceito de distância entre as pessoas será significativamente alterado. Ele é substituído pelo conceito de distância transacional, anteriormente analisado e colocado como uma das condições para um processo de ensino e aprendizagem de qualidade no AVA.

11.2 Outras considerações: resultados

Algumas instituições, em congressos e palestras, ainda que de forma reservada, revelam os resultados de seus cursos ofertados em modalidade semipresencial ou não presencial. Em muitos casos, pode-se observar resultados mascarados. Quando não o são, eles são apresentados de forma festiva, independentemente de qualquer fato.

O que se pode observar é que, apesar de todas as iniciativas, do fato de alguns alunos darem preferência a essa modalidade e de, em muitos casos, os contatos serem produtivos, nunca poderemos reproduzir no virtual a riqueza dos encontros presenciais. O contato face a face entre professores e alunos tem características que não podem ser simuladas nos encontros sem rosto. Ainda assim, é possível reduzir sensivelmente o sentimento de solidão e quebrar a frieza nos relacionamentos virtuais, com a efetivação da presença social da instituição na vida do aluno.

Os relacionamentos sem rosto, apesar de não terem raízes físicas, podem tornar-se ricos em significado e colaborar de forma sensível nas atividades de aprendizagem, nos cursos desenvolvidos na modalidade de ensino a distância. Relacionamentos que se iniciam apenas com troca de informações e esclarecimentos podem evoluir para colaboração intensa e até suporte emocional.

Torna-se possível recuperar o tempo perdido na luta pela sobrevivência, ainda que por meio de contatos isolados. Em sua grande maioria, esses contatos são voluntários e as pessoas superam inibições e diferenças, formando grupos que têm interesses comuns. Mostra-se relativamente fácil e cômodo você encontrar a sua "turma" na rede, trocar ideias, trabalhar em conjunto na solução de problemas comuns. RECIPROCIDADE e COLABORAÇÃO tornam-se palavras de ordem e prevalece o conceito de inteligência coletiva, que tende a nivelar o conhecimento dos interlocutores.

Na sala de aula convencional, os encontros presenciais revestem-se de maior complexidade e de maior conteúdo, que é observado e colocado em gestos, expressões faciais, inflexões de voz. "Eu posso ver se o aluno compreende o assunto", repetem alguns professores que não aceitam a possibilidade da educação ocorrer com qualidade no AVA.

Caso não haja diferença de experiência e de nível cognitivo entre o receptor e o emissor, existem possibilidades latentes nos relacionamentos virtuais, que não podemos ignorar e que devem ser aproveitados, principalmente quando, por alguma razão, os encontros presenciais são reduzidos, inexistentes ou efetivados a distância.

Esse aspecto é reforçado na própria evolução das tecnologias, com as videoconferências, as teleconferências e as possibilidades inexploradas da realidade virtual. São fatores que podem afetar e favorecer a confirmação das expectativas.

Os cursos desenvolvidos na modalidade *bimodal*, com encontros presenciais e atividades desenvolvidas a distância, trouxeram-nos outra experiência, que pode ser ampliada com reservas. Os indivíduos que apresentavam dificuldades e capacidades limitadas de relacionamento na educação formal tradicional apresentavam a mesma dificuldade ou ainda maior nos relacionamentos estabelecidos no ambiente virtual.

As diversas tentativas desenvolvidas somente apresentaram frutos após insistentes apelos e a colocação dos indivíduos frente a um processo de aprendizagem colaborativa, em que foi destacada a importância de sua participação e responsabilidade frente ao grupo. Foi o que pretendemos repassar a você em todos os capítulos anteriores. De sua participação ativa depende o sucesso da iniciativa do estudo no AVA.

A colaboração foi obtida com o uso da abordagem da aprendizagem baseada em problemas, que mostrou-se a mais eficiente para esses casos de baixo nível de participação observados em alguns relacionamentos virtuais. Dessa forma, pode-se evitar o que se configura como um problema de difícil solução: a possibilidade de que somente participem de atividades de aprendizagem colaborativa pessoas que tenham relacionamentos ricos no espaço físico presencial. O ambiente virtual representa um espaço que deve estar aberto a todos e ser efetivado de diversas formas, adequadas às características de cada indivíduo.

Esse fato deve configurar não uma limitação, mas uma preocupação maior com o incentivo à participação. Ainda que se recomende atenção especial, não se pode negar essa realidade, comprovada pelas atividades desenvolvidas em listas e grupos de discussão, ocasiões nas quais determinadas pessoas sempre apresentam maiores dificuldades nos relacionamentos virtuais.

Essa pequena introdução a algumas experiências com o uso da mediação tecnológica permite constatar a importância de se incentivar um alto grau de interação, como forma de tornar os relacionamentos virtuais mais significativos.

Desta forma, podem-se evitar os relacionamentos frios, com o incentivo ao crescimento das mensagens trocadas entre os participantes. As atividades de navegação e pesquisas levam ao estudo independente. O elevado volume de informação normalmente obtido pode colocar dificuldades de seleção e aumentar significativamente o trabalho docente e provocar uma possível falha de confiança com relação às informações obtidas.

Essas considerações apenas reafirmam a importância de práticas docentes e discentes inovadoras no uso da mediação tecnológica utilizada na rede. O uso diferenciado e sensível do ferramental tecnológico pelos participantes possibilita que ações didático-pedagógicas diferenciadas venham a ocorrer com capacidade crítica e criatividade.

Para completar esse relato de experiências sobre o uso da tecnologia e da mediação tecnológica, vale ressaltar que você pode observar a criação de novos espaços de comunicação. Eles, quando utilizados como complemento às atividades de educação presencial, mostram que os espaços virtuais não se encontram em oposição aos espaços físicos, mas podem funcionar como seu complemento.

Nesse caso, torna-se facilitado o trabalho, já que o virtual funciona como uma extensão física do indivíduo. Deve-se aproveitar o encantamento que a tecnologia produz nas pessoas que abandonaram o fator resistência ao novo e as imensas possibilidades que são abertas à criação de conhecimentos em um grupo de participantes interessados em finalidades comuns.

Você deve observar essas considerações e refletir sobre elas, o que pode alterar um comportamento individualista e levá-lo a colaborar de forma mais eficiente no AVA.

11.3 Questões complementares

As colocações efetuadas neste capítulo retiram o sentido da resistência ao uso do termo *tecnologia educacional,* que se evitou citar até este momento. Não podemos deixar de reconhecer o apoio que a tecnologia pode trazer a processos de formação educacional, pontuais ou não. É preciso vencer essas resistências ao levar em consideração que não é apenas para ensinar professores, alunos e profissionais que insistimos na compreensão da tecnologia da informação e comunicação.

O avanço tecnológico traz mudanças sociais importantes, de vulto, e que não são consideradas, se vistas de modo superficial. Elas afetam significativamente a criação de novos conhecimentos e sugerem mudanças de solicitação:

- de tarefas fechadas para tarefas abertas, em que o próprio profissional, estudante ou pesquisador busca seus recursos em informações disponíveis na rede mundial de comunicação;
- de usar alguma abordagem para solução de problemas apoiada em estratégias seguras e que não estejam baseadas apenas na competência individual, mas envolvam tarefas a serem desenvolvidas em grupo e com o conhecimento gerado disseminado para todos os colaboradores. Como vimos, eles não exigem uma resposta exata e única, mas proporcionam uma oportunidade valiosa para discussão e análise de alternativas provenientes de contextos sociais e experiências de vida diversificadas;
- do uso da tecnologia como meio e não como um fim em si próprio. Ele deve estar sujeito ao enfoque pedagógico, social e humanista;
- da tendência à padronização, com o uso de objetos de aprendizagem reutilizáveis e que possuem elevado grau de flexibilidade;
- da disseminação e democratização do conhecimento produzido pela humanidade, para evitar o aprofundamento do abismo entre os países desenvolvidos e os demais, em regime extensivo de dependência tecnológica.

É um tempo de mudanças. Elas devem começar com você e se estender por toda a sua rede de relacionamentos, que é estabelecida na internet e funciona como um suporte complementar. Ela pode evitar que você se isole frente ao individualismo que o medo impõe a todas as pessoas na sociedade contemporânea. O AVA e a CAV, estabelecidos na rede mundial de comunicação, ainda não foram bem compreendidos em toda a extensão das consequências de sua expansão, que possibilita a união de pessoas em novas formas de relacionamento e comunicação.

considerações finais

considerações finais

> "Para que essas mudanças ocorram, atuamos de acordo com os valores que queremos ver aprendidos: tratamos os professores evidenciando o respeito como valor permanente, o erro como parte do processo de aprendizagem, o diálogo como instrumento absolutamente necessário. Quando cada um fala, mostramos que há uma relevância nesse falar".
>
> (Cedac, 2010, grifo do original)

Esperamos ter atingido o objetivo de orientá-lo a efetivar seus estudos no AVA e desenvolver trabalhos de forma colaborativa na CAV. Foi ressaltada a necessidade de comportamentos e atitudes diferenciados, que lhe serão solicitados.

Após tomar sua decisão, você deve colocar mãos à obra e iniciar um processo de mudança. Apoiados no material de estudo que foi apresentado, podemos montar um roteiro final, geral e abrangente, com a intenção de orientá-lo na atividade de desenvolver uma atuação segura no AVA e na CAV. Para tanto, você pode tomar como norte as seguintes recomendações:

~ Conheça o AVA e as características diferenciadas que revestem a atividade de ensino e aprendizagem nesses locais, onde ocorre uma nova forma de comunicação baseada em encontros sem rosto, que exigem novas formas de confiança.

~ Tenha consciência de que neles a comunicação é a chave que pode abrir as portas da colaboração de uma larga comunidade de pessoas, com experiências diversificadas, em contextos culturais diferentes, que podem lhe auxiliar de forma significativa em seus propósitos.

~ Lembre que você deve retribuir e adotar a política da colaboração desinteressada e participativa, sem espera de retorno.

~ Faça a escolha certa da instituição que vai lhe oferecer os cursos e avalie os aspectos destacados, mas sempre tenha em mente que ela não é mais a única responsável por garantir que a atividade de ensino e aprendizagem

tenha qualidade. Fatores externos e a sua colaboração são importantes e fundamentais para o sucesso.
- Exija que a instituição escolhida lhe dê as condições necessárias ao sucesso em sua iniciativa. O mercado de trabalho, nos dias atuais, leva mais em consideração as competências e habilidades demonstradas pelo aluno, independentemente do local ou da instituição onde estudou. No capítulo 2 lhe foram transmitidas recomendações sobre as condições mínimas que a instituição deve oferecer. Se você é parte importante, seu sucesso vai estar na dependência direta das condições tecnológicas e pedagógicas que a instituição pode ofertar.
- Evite a ocorrência de fatores que concorrem para o insucesso e o alto volume de evasão, para que isso não aconteça com você. Ao matricular-se em um curso no AVA, você assume a corresponsabilidade pelo sucesso da iniciativa.
- Descubra a sua forma individual de aprender e criar novos conhecimentos.
- Lembre-se de que todos nós temos estilos próprios e diferenciados e que a escolha correta de recursos e formas de desenvolver a atividade de aprendizagem está na dependência direta do caráter predominante que você identifica como *estilo próprio de aprendizagem*.
- Conheça, ainda que de forma virtual, os seus companheiros de estudo, os seus orientadores acadêmicos e os professores especialistas. Saiba mais sobre eles.
- Conheça a instituição de ensino que oferece o curso. Se puder, faça uma visita a sua sede ou recolha o máximo de informações que puder sobre ela.

- Torne-se parte integrante e importante do AVA que é criado no entorno dessas iniciativas e, se possível, passe a participar de alguma CAV, seja a local ou a criada a partir de outras iniciativas.
- Participe de listas, grupos e lembre-se de que as comunidades sociais que são criadas a todo o momento e que se multiplicam não podem ser vistas apenas como algo prejudicial, como muitos ainda insistem em colocar. Elas têm sua importância nas atividades de ensino e aprendizagem desenvolvidas no ambiente virtual.
- Lembre-se de que sentir-se parte integrante de algo é importante para manter o interesse e incentivar a sua participação no virtual.
- Seja ativo, participante e colaborativo no ambiente virtual.
- Conheça os diferentes aspectos psicológicos que interferem na aprendizagem em grupo e como eles criam uma sinergia positiva que atua como mola impulsora para todos os elementos participantes. Em algum ponto do percurso você vai precisar de algum suporte e ajuda de pessoas que já vivenciaram alguma situação que lhe vai ser útil. Temos observado que essa sinergia criada pelo grupo, desde que haja um processo de gestão de conflito, tem sido decisiva para alguns estudantes superarem suas dificuldades.
- Torne-se um solucionador de problemas. Uma das principais lacunas no perfil de muitos profissionais é a falta de iniciativa e o uso de um método de tentativa

e erro, para o qual se deve riscar a palavra *medo* do dicionário profissional. Devido às características do mercado contemporâneo, ao profissional é dada uma vivência diária de enfrentamento ao novo. A mudança de técnicas, práticas e do próprio mercado é acelerada e a incerteza é o nome do jogo, no tabuleiro que é colocado sobre a mesa de trabalho dos profissionais modernos. Aproveite para utilizar essa abordagem no seu processo de ensino e aprendizagem e adquira traquejo para sua aplicação quando desenvolver o seu trabalho.

~ Use as ilimitadas possibilidades que o virtual e as tecnologias que o permeiam lhe oferecem. Caso você conheça as ferramentas disponíveis, utilize-as e participe ativamente.

~ Atue no grupo, aprenda a resolver problemas com o uso de abstração e pensamento complexo.

~ Consulte fontes de informação diversificadas e, principalmente, dedique boa parte de seu tempo a refletir de forma reflexiva sobre a sua prática. Faça com que seu conhecimento seja uma espiral crescente.

~ Reconheça a importância da organização e do planejamento em todos os níveis de atuação no espaço virtual.

~ Organize, de acordo com um planejamento prévio, todas as atividades que irá desenvolver.

~ Busque você mesmo o recurso que precisar, elimine qualquer empecilho que lhe cause dificuldades de estudo e, o que é principal, independentemente do método que venha a utilizar, mantenha sempre a motivação. Sem ela, a aprendizagem independente torna-se um ideal inatingível.

~ Planeje cuidadosamente o seu tempo de estudo e cumpra este planejamento. Saiba dividir esse tempo junto com aquele gasto com seu trabalho e vida social. Em uma sociedade que acelerou o tempo, o planejamento correto é fundamental em qualquer atividade, inclusive para o processo de formação permanente e continuada.
~ Procure vencer dois dos principais problemas existentes na sociedade contemporânea: o analfabetismo funcional (leitura e compreensão) e não saber expressar as suas ideias (escrita). Temos observado muitos profissionais com essas características se esconderem atrás das capacidades dos outros. Saber compreender o que lê e saber expressar os seus conhecimentos por meio da escrita são habilidades necessárias ao profissional do conhecimento. Ele troca o uso da mão de obra pelo pensamento abstrato, busca soluções para problemas que nunca enfrentou e precisa divulgar o conhecimento adquirido para ser reconhecido.
~ Não importa o tempo que isto lhe custe, aprenda os detalhes do AVA que a instituição mantenedora do curso lhe oferece. Como regra geral e uma tendência do mercado, esses sistemas gerenciadores de conteúdo e de aprendizagem *on-line* (*LCMS – Learning and Content Management System*), apoiados na tecnologia de criação e disseminação de conhecimento pelo uso de objetos de aprendizagem flexíveis, tornam-se um padrão global. Conhecer, apenas, não é condição suficiente, é necessário fazer do acesso diário ao AVA um hábito que faça parte de sua vida; o de adquirir novos

conhecimentos, disseminá-los e, assim, tornar-se um elemento profícuo e útil em seu contexto social.

~ Saiba desenvolver pesquisas, coletar informações, aplicar seu senso crítico na escolha daquelas que lhe são úteis e guardar dados que lhe interessam, para que a partir deles possa desenvolver formas próprias de construção do conhecimento. Essa é a melhor maneira de utilizar o elevado volume de informações que nenhuma das sociedades que nos antecedeu teve em mãos.

~ Não permita que um perfil de resistência a mudanças faça você deixar passar na estação um trem que não volta. A tecnologia apresenta uma face excludente para aqueles que a ignoram. Muitos estão sujeitos à exclusão social, fato que deve ser combatido com a participação de todos. Outras pessoas sujeitam-se a essa exclusão – a exclusão digital – por vontade própria. Assim, perdem lugar no vagão do trem que caminha em direção a um futuro que, se não sabemos como vai ser, temos pelo menos a oportunidade de transformar e deixar para nossos filhos uma sociedade em que a vida seja possível sem os percalços e medos que atualmente são colocados como desafios a enfrentar.

~ Adquira a consciência de que estudar no ambiente virtual não significa "estudar sozinho". Você tem uma elevada gama de recursos em mãos. Participar de redes sociais, interagir no AVA e participar da CAV podem ser de ajuda inestimável.

O sucesso ao desenvolver cursos no AVA e realizar atividades na CAV está na medida direta da aprendizagem que você desenvolveu sobre atitudes e comportamentos individuais. Ele é uma reflexão direta da sua capacidade de mudar, respeitar o multiculturalismo e as diferenças, valorizar as semelhanças e, principalmente, apoiar a sua ação nos quatro pilares que orientam a educação do futuro. Esses quatro pilares foram desenvolvidos por Jacques Delors e aqui apresentaremos a sínteses elaborada por Rodrigues (2010):

~ *Aprender a conhecer – é necessário tornar prazeroso o ato de compreender, descobrir, construir e reconstruir o conhecimento, para que não seja efêmero, para que se mantenha ao longo do tempo e para que valorize permanentemente a curiosidade, a autonomia e a atenção. é preciso também pensar o novo, reconstruir o velho e reinventar o pensar.*

~ *Aprender a fazer – não basta preparar-se com cuidados para inserir-se no setor do trabalho. A rápida evolução por que passam as profissões pede que o indivíduo esteja apto a enfrentar novas situações de emprego e a trabalhar em equipe, desenvolvendo espírito cooperativo e humildade na reelaboração conceitual e nas trocas, valores necessários ao trabalho coletivo. Ter iniciativa e intuição, gostar de uma certa dose de risco, saber comunicar-se, resolver conflitos e ser flexível. Aprender a fazer envolve uma série de técnicas a serem trabalhadas.*

~ *Aprender a conviver – no mundo atual, este é um importantíssimo aprendizado, por ser valorizado quem aprende a viver com os outros, a compreendê-los, a desenvolver a percepção de interdependência, a administrar conflitos, a participar de projetos coletivos e a ter prazer no esforço comum.*

~ *Aprender a ser – é importante desenvolver sensibilidade, sentido ético e estético, responsabilidade pessoal, pensamento autônomo e crítico, imaginação, criatividade, iniciativa e crescimento integral da pessoa em relação à inteligência. A aprendizagem precisa ser integral, sem negligenciar nenhuma das potencialidades de cada indivíduo.*

É importante conhecer e compreender a amplitude desses conceitos, além de entender, aceitar e lutar pela melhoria das grandes consequências que a adoção dessas práticas pode provocar. Assim, você estará no caminho certo para desenvolver, de forma diferenciada, conforme a proposta de muitos educadores e pesquisadores, sua educação no presente e em um futuro de grande progresso tecnológico.

Para você, está posto o desafio de que a atividade de ensino e aprendizagem não esteja voltada apenas para a absorção de conhecimentos. Ela deve propiciar uma vivência do seu processo de criação que desperte o prazer da produção de novos conhecimentos que revertam em uma melhoria das condições de vida de toda a sociedade.

referências

referencias

ABDALA, N. **Concepções de leitura e escrita**. Disponível em: <http://www.educacional.com.br/articulistas/outrosEducacao_artigo.asp?artigo=artigo0069>. Acesso em: 12 out. 2007.

ALVES, R. O prazer da leitura. **Correio Popular**, Campinas, 19 jul. 2001. Caderno C. Disponível em: <http://www.rubemalves.com.br/oprazerdaleitura.htm>. Acesso em: 26 abr. 2010.

AMERICAN PSYCHOLOGICAL ASSOCIATION. **Board of educational affairs**. Disponível em: <http://www.apa.org/ed/governance/bea/index.aspx>. Acesso em: 20 ago. 2009.

ANTUNES, C. **Novas maneiras de ensinar, novas formas de aprender**. Porto Alegre: Artmed, 2002.

BENCINI, R. Educar para o coletivo. **Nova Escola**, 2007. (Mimeo).

BRASIL. Decreto n. 5.622, de 19 de dezembro de 2005. **Diário Oficial da União**, Poder Executivo, Brasília, DF, 20 dez. 2005. Disponível em: <http://www.planalto.gov.br/ccivil_03/_Ato2004-2006/2005/Decreto/D5622.htm>. Acesso em: 23 set. 2009.

_____. Lei n. 9.394, de 20 de dezembro de 1996. **Diário Oficial da União**, Poder Legislativo, Brasília, DF, 23 dez. 1996. Disponível em: <https://www.planalto.gov.br/ccivil_03/Leis/L9394.htm>. Acesso em: 23 set. 2009.

_____. Lei n. 9.610, de 19 de fevereiro de 1998. **Diário Oficial da União**, Poder Legislativo, Brasília, DF, 20 fev. 1998. Disponível em: <https://www.planalto.gov.br/ccivil_03/leis/l9610.htm>. Acesso em: 23 set. 2009.

CAMPANARO, J. J. **Interpretação de textos**: dicas. Disponível em: <www.brazilianportugues.com>. Acesso em: 15 out. 2007.

CEDAC – Centro de Educação e Documentação para Ação Comunitária. **Mudanças de atitude exigem mais do que discursos.** Disponível em: <http://www.cedac.org.br/cf_mudancasatitude.asp>. Acesso em: 26 abr. 2010.

CRANE, D. **Invisible colleges:** difusion of knowledge in scientific communities. Chicago: The University of Chicago Press, 1972.

CUNHA, L. M. **Formação de grupos de trabalho utilizando agentes de software**. 2002. 115 f. Dissertação (Mestrado em Informática) – Pontifícia Universidade Católica do Rio de Janeiro, Rio de Janeiro, 2002. Disponível em: <http://groupware.les.inf.puc-rio.br/groupware/publicacoes/dissertacaoleocunha.pdf>. Acesso em: 16 set. 2009.

DAWSON, C. **Learning how to study again**: a practical guide to study skills for mature students returning to education or distance learning. Oxford, UK: How to Books, 2004.

DELORS, J. Educação: um tesouro a descobrir. **Relatório para a UNESCO da Comissão Internacional sobre educação para o século XXI**. Brasília: MEC, 1999.

DRUCKER, P. F. **Administrando em tempos de grandes mudanças**. 5. ed. São Paulo: Pioneira, 1998.

ESCOLA 2000. **Sua escola a 2000 por hora**. Disponível em: <http://escola2000.net>. Acesso em: 20 ago. 2009.

FAGUNDES, E. M. **A solução de problemas requer processos, disciplina e liderança**. Disponível em: <http://www.efagundes.com/artigos/Solucao_de_problemas_requer_processos.htm>. Acesso em: 10 ago. 2007.

FRANCO, W. O. **Os métodos da comunicação**. Disponível em: <http://www.espirito.org.br/portal/artigos/ednilsom-comunicacao/os-metodos-comunicacao.html>. Acesso em: 10 fev. 2007.

GARDNER, H. **Estruturas da mente**: a teoria das inteligências múltiplas. Porto Alegre: Artes Médicas, 1994.

GIDDENS, A. **As consequências da modernidade**. São Paulo: Ed. da Unesp, 1991.

GOLEMAN, D. **Inteligência emocional**. Rio de Janeiro: Objetiva, 1995.

GROHS, S. J.; SILVA, S. S. da. **Como estudar sozinho**. Disponível em: <www.espirito.org.br/portal/artigos/ednilsom-comunicacao/como-estudar-sozinho.html>. Acesso em: 10 out. 2007.

HOLMBERG, B. **Growth and structure of distance education**. London: Croom Helm, 1986.

HOSOTANI, K. **The QC problem solving approach:** solving workplace problems the japanese way. Tokyo: 3A Corporation, 1992.

IHCC – Internet Healthcare Coalition. Disponível em: <http://www.ihealthcoalition.org/>. Acesso em: 23 abr. 2007.

KEEGAN, D. A typology of distance teaching systems. In: HARRY, K.; KEEGAN, D.; JOHN, M. (Ed.). **Distance education**: new perspectives. London: Routledge, 1993. p. 62-76.

LATOUR, B. On technical mediation: philosophy, sociology, genealogy. **Common knowledge**, [S.l.], v. 3, n. 2, p. 29-64, 1994.

LÉVY, P. **Cibercultura**. São Paulo: Ed. 34, 1999.

MARANGON, C. Você tem o hábito de estudar? **Nova Escola**, São Paulo, v. 18, n. 159, p. 54-56, jan./fev. 2003. Disponível em: <http://novaescola.abril.com.br/index.htm?ed/159_fev03/html/profissao>. Acesso em: 17 nov. 2006.

MARTINS, V. **Como desenvolver a capacidade de aprender**. Entrevista concedida ao *site* Kplus. Disponível em: <http://kplus.cosmo.com.br/materia.asp?co=205&rv=Literatura>. Acesso em: 15 maio 2009.

MERCER, N. **The guided construction of knowledge**: talk amongst teachers and learners. Bristol, UK: Multilingual Matters, 1995.

MORAES, D. de. **O concreto e o virtual**: mídia, cultura e tecnologia. Rio de Janeiro: DP&A, 2001.

MORAN, J. M.; BEHRENS, M. A.; MASETTO, M. T. **Novas tecnologias e mediação pedagógica**. 12. ed. São Paulo: Papirus, 2006.

MOURA, R. **Tecnologia da informação e educação**. Disponível em: <http://www.algosobre.com.br/educacao/tecnologia-da-informacao-e-educacao.html>. Acesso em: 12 set. 2007.

MUNHOZ, A. S. **Um modelo para criação, uso e armazenamento de objetos de aprendizagem flexíveis**. 2007. 185 f. Tese (Doutorado em Engenharia da Produção) – Universidade Federal de Santa Catarina, 2008. Disponível em: <http://www.tede.ufsc.br/teses/PEPS5194-T.pdf>. Aceso em: 26 abr. 2010.

NEVES, I. C. B. et al. (Org.). **Ler e escrever**: compromisso de todas as áreas. Porto Alegre: Ed. da UFRGS, 1998.

PALLOF, R. M.; PRATT, K. **Construindo comunidades de aprendizagem no ciberespaço**. Porto Alegre: Artmed, 2002.

PERRENOUD, P. **Pedagogia diferenciada**: das intenções à ação. Porto Alegre: Artmed, 1999.

PETERS, O. **Didática do ensino a distância**. São Leopoldo: Ed. da Unisinos, 2001.

PLAGIARISM.ORG. **What is plagiarism?** Disponível em: <http://www.plagiarism.org/plag_article_what_is_plagiarism.html>. Acesso em: 21 set. 2009.

RIBEIRO, E. C de O.; MOTTA, J. I. J. **Educação permanente como estratégia na reorganização dos serviços de saúde**. Salvador: Ed. da UFBA, 2007.

ROBINSON, W. C. **The importance of research and decision-making**. Disponível em: <http://web.utk.edu/~wrobinso/540_lec_imptc.html>. Acesso em: 12 maio 2007.

RODRIGUES, Z. B. **Os quatro pilares de uma educação para o século XXI e suas implicações na prática pedagógica**. Disponível em: <http://www.educacional.com.br/articulistas/

outrosEducacao_artigo.asp?artigo=artigo0056>. Acesso em: 26 abr. 2010.

SALMON, G. **E-moderating**: the key to teaching and learning online. London: Kogan Page, 2000.

_____. **Pedagogical requirements of virtual learning environments (VLEs)**: pets & planets. Disponível em: <http://atimod.com/research/presentations/Salmonleeds.htm>. Acesso em: 18 jul. 2007.

SCHOPENHAUER, A. **On thinking for oneself**. Disponível em: <http://etext.library.adelaide.edu.au/s/schopenhauer/arthur/lit/chapter5.html>. Acesso em: 19 set. 2005.

SMITH, D. M.; DAVID, A. K. **The users guide for the learning-style inventory**: a manual for teachers and trainers. Boston: McBer & Company, 1986.

TEIXEIRA, G. **O estilo de aprendizagem individual**. 2005. Disponível em: <http://www.serprofessoruniversitario.pro.br/ler.php?modulo=8&texto=447>. Acesso em: 17 set. 2009.

sobre o autor

sobre o autor

Antonio Siemsen Munhoz é graduado em Engenharia Civil pela Universidade Federal do Paraná (UFPR), em 1978. É especialista em Metodologia do Ensino Superior pela Faculdades Integradas Espírita (FIES), em 1999; Tecnologias Educacionais pela Sociedade Paranaense de Ensino de Informática (SPEI), em 2000; Educação a Distância pela UFPR, em 2001.

É mestre em engenharia da produção pela Universidade Federal de Santa Catarina (UFSC), em 2001, e doutor em Engenharia da Produção também pela UFSC, em 2008. É pesquisador em ensino a distância.

Os papéis utilizados neste livro, certificados por instituições ambientais competentes, são recicláveis, provenientes de fontes renováveis e, portanto, um meio responsável e natural de informação e conhecimento.

FSC
www.fsc.org
MISTO
Papel produzido a partir de fontes responsáveis
FSC® C103535

Impressão: Reproset
Agosto/2020